AF137474

# Tables des chapitres

## Avant-propos

« Coup de gueule », cri du coeur, appelez cela comme vous le voulez ! J'ai ressenti le besoin d'écrire ces quelques pages pour vous présenter la ruralité, vous transmettre mon amour de celle-ci, pour vous faire prendre conscience que nous n'avons pas encore tout fait pour la sauver, pour la faire vivre.

J'en ai assez d'entendre que ma ruralité est un espace plein de richesses, un espace de vie, un espace d'humanité, un espace naturel, un espace économique, bref un espace d'avenir mais un espace oublié. J'en ai assez d'entendre de la part de nos politiques qu'il est urgent d'y faire quelque chose mais de ne jamais rien voir venir. Ces territoires auxquels je crois sont véritablement des endroits merveilleux où le potentiel est partout. Depuis des années, on assiste à un abandon de la ruralité par la classe politique. Quant à sa représentation médiatique, elle est souvent caricaturée et caricaturale. Enfermée dans ce schéma, la population rurale vit un repli sur soi et développe un sentiment d'abandon et un négativisme qui devient structurel.

Je veux tirer la sonnette d'alarme.

Je veux m'engager aujourd'hui pour mon pays, ma région, mon département mais plus particulièrement pour la ruralité. Il est temps, pour chacun d'entre nous, de prendre conscience que la ruralité est un socle solide pour le pays. Je vous invite, comme moi, à vous engager pour vos territoires, ceux de vos familles, ceux de vos origines, ceux de votre histoire.

Les solutions existent, pourquoi ne pas les mettre en oeuvre ?

# Préface

Avec ses 550 000 km², la France est le pays le plus étendu de l'UE. Avec ses 66 millions d'habitants, elle est bien moins densément peuplée que ses partenaires, comme le Royaume-Uni ou même l'Allemagne. La France a donc cette particularité de posséder une ruralité spécifique dans la géographie européenne.

La ruralité ou « les ruralités » dont Nicolas Delobel s'attache à démontrer la diversité, fait donc l'objet en France d'une attention particulière des pouvoirs publics et constitue un élément central dans l'équilibre socio-économique du pays. Depuis la révolution industrielle, ces centaines de milliers d'hectares de terres et les hommes qui y vivaient, ont connu une évolution spectaculaire qui s'est accélérée avec les 30 Glorieuses issues de la seconde guerre mondiale. Aujourd'hui la ruralité est confrontée à une nouvelle révolution numérique, écologique et démographique.

La préservation de l'environnement, la concurrence et la compétitivité des territoires mettent à l'épreuve nos campagnes.

Loin du symbole de la France éternelle, ils doivent répondre à de multiples défis pour rester des richesses et un atout pour la France, car, quand même, ils constituent 80 % de la France physique.

Nicolas Delobel nous dresse un tableau quasi exhaustif des différents aspects de la place et de l'enjeu que représente la ruralité pour les acteurs économiques, les pouvoirs publics et les habitants qui y vivent. Cette analyse nous renvoie au sentiment de déclassement vécu par les ruraux, sentiment qui traduit une réalité mais qui occulte aussi tout le potentiel de territoires riches qui peuvent répondre aux aspirations d'urbains à la recherche d'une qualité de vie perdue.

Riche de ses plaines, de ses fleuves, de ses montagnes, de ses rivages, son territoire, de ses terroirs, si vaste dans une Europe si morcelée, riche d'un patrimoine multi millénaire préservé, riche d'une agriculture aux savoir-faire inégalés, la ruralité française s'inscrira dans les succès de l'avenir si ceux qui la font vivre ont confiance en eux et se sentent soutenus par l'ensemble de la Nation.

**Alain Chrétien**

# Chapitre 1 :
# La ruralité,
# une raison de vivre

Fils d'agriculteur, moi-même pré-installé et vivant à Domart-en-Ponthieu dans la Somme, je vis quotidiennement les difficultés des ruraux dans des zones particulièrement sinistrées par les crises économiques et sociales successives. J'ai une très forte attache pour mon village, mon département et ma région.

Je suis originaire d'une ancienne vallée industrielle, la vallée de la Nièvre où les usines Saint-Frères ont connu leurs années de gloire. Cette entreprise a créé autour d'elle, un univers, fait d'activités économiques, de travail, de commerce, de vie associative, qui à sa disparition, a fragilisé la population : taux de chômage particulièrement élevé, les commerces fermant un à un. Ruralité, zone sinistrée. Que vont devenir les populations de ces territoires dans les années à venir ? Comment peut on prévenir l'enclavement de ces territoires ruraux, quelles solutions durables ?

*« Territoires ruraux : Rejoignez les territoires à énergies positives ! »*

Comme Yannick Régnier, je souhaite lancer un appel à la résistance. Capitalisons et mutualisons nos expériences, engageons nous pour promouvoir nos opinions. Nos territoires ruraux sont remplis de richesses, utilisons-les !

Non, les territoires ruraux ne sont pas une accumulation de bourgs au milieu d'un désert. Non, les territoires ruraux ne sont pas synonymes d'ennui et de pauvreté.

Oui, les territoires ruraux sont des territoires qui disposent d'une richesse insoupçonnée. Oui, les territoires ruraux sont des territoires non urbanisés où la population est faible ! Oui, les activités majoritairement exercées sont principalement des activités primaires comme l'agriculture ou l'industrie dans les bassins industriels. La ruralité occupe 80 % de la superficie de la France métropolitaine. L'histoire française fait de notre pays celui qui est le plus rural d'Europe avec 35 885 villages soit les deux tiers des communes de France. 16 millions d'individus soit 24,5 % de la population française composée de 66 millions d'habitants, vivent en ruralité. Oui, un quart des Français sont des ruraux et pourtant les voilà sortis des écrans radars de la capitale et de ces élites politiques et médiatiques.

## La fracture territoriale, qu'est que c'est ?

C'est la lésion de développement entre les territoires urbains et les territoires ruraux. On la retrouve partout : fracture sociale, culturelle, numérique, médicale et économique. Ce n'est pas une fracture mais bien des fractures que les ruraux vivent. Ce retard pris par les campagnes vis-à-vis des villes est insupportable. Quand allons-nous améliorer la complémentarité entre l'espace rural et l'espace urbain ? Oui, le développement de l'espace rural passe par cette complémentarité afin de résorber la fracture criante que tout le monde constate. L'exode rural existe depuis presque 100 ans. Il a connu un essor important depuis les années 60.

L'urbanisation de notre pays a concentré la création de richesses dans les villes et les zones périurbaines.

Dans le même temps, l'espace rural continue à regrouper une majorité de la surface du foncier disponible mais aussi une grande partie du patrimoine français issue d'une culture rurale foisonnante, de savoir faire, et d'une main-d'oeuvre importante non exploitée.

Richesse territoriale, défis imposés, production agricole, entretien des espaces naturels, tourisme, défis environnementaux : les territoires ruraux s'imposent comme un indéniable lieu de vie.

Les institutions administratives locales, mais aussi des groupements syndicaux et fédératifs participent positivement au développement de ces territoires ruraux. Ils jouent un rôle prédominant dans l'organisation de la ruralité. Proposer des pistes d'améliorations, d'innovations, pour refaire vivre ces territoires, voilà le grand défi.

Je le dis à chacun d'entre vous, ruraux ou urbains, je le dis à notre classe politique qui ne doit pas oublier le bon sens paysan : venez relever ce défi !

# Chapitre 2 :
# Une ruralité
# plurielle

Notre ruralité est plurielle, elle n'est pas une zone uniforme ! Sous différentes formes, elle présente des caractéristiques très distinctes. Certains territoires ont besoin d'une politique de développement rural plus poussée que d'autres.

## La ruralité périurbaine

C'est la ruralité « aisée ». Elle a principalement une fonction résidentielle puisque ses habitants travaillent généralement en ville et reviennent le soir habiter dans leur pavillon en banlieue (ce sont des villages dits « dortoirs »). Les habitants de cette ruralité ne contribuent pas au développement rural puisqu'ils dépensent généralement leurs économies dans les zones urbaines. Ce territoire présente une population assez dense avec 195 habitants au km². C'est un territoire où réside une majorité d'employés et de cadres et dans lequel les secteurs agricoles et industriels sont faiblement représentés : 2 % d'employés agricoles et 23 % de salariés d'usine).

## L'espace rural plus fragile

C'est malheureusement la part des espaces ruraux la plus importante. Elle représente près d'un tiers du territoire national ! Ces territoires présentent un retard de développement économique et une démographie en berne. La densité de population y est d'ailleurs extrêmement faible. La mono activité est ici très importante, ce qui peut s'expliquer par la pénurie d'emplois dans ces territoires et par la dominante agricole.

L'activité professionnelle la plus représentative de ces territoires n'est pas forcément compatible avec une double activité industrielle puisque les formations et études spécifiques à ces deux secteurs d'activité ne sont pas cumulatives. Nous trouvons également des territoires ruraux plus éloignés des villes qui sont les plus touchés par la fracture territoriale, on peut diviser ces territoires en deux types distincts : les espaces vieillis à dominante agricole et les espaces ruraux avec une histoire ouvrière.

## Des territoires vieillis à dominante agricole

Ce sont généralement des territoires où le relief n'est pas idéal, en particulier les espaces de moyenne montagne, ou situés à la périphérie des massifs montagneux (Vosges, Massif Central, périphérie des Pyrénées, etc.). Les conditions de vie quotidienne n'y sont pas excellentes (habitats rudimentaires, voiries en mauvais état, relief vallonné). La densité de population y est en conséquence extrêmement faible : 23 habitants par km².[1] La plupart des emplois intègrent le domaine agricole (20 % des actifs). L'activité d'élevage bovin y est prédominante. Ses habitants sont relativement âgés puisque 14 % de la population de ce territoire à plus de 75 ans[2] alors que ce taux baisse à 6 % dans les espaces périurbains.

---

[1] http://www.ceas.org/pdf/Developpement local/Un-milieu-rural-en-mutation-Fevrier-2005 campagnes les plus fragiles, en recul économique et démographique

[2] http://www.ceas53.org/pdf/Developpementlocal/Un-milieu-rural-en-mutation

## La ruralité avec une histoire ouvrière

Je viens de l'un de ces territoires. Ce sont des territoires ruraux où l'industrie a connu ses heures de gloire lors des années 1945-1975. Ces industries, sont issues de territoires divers et (la Lorraine, le Nord, la région Stéphanoise, le Gard) ont créé des petits bassins industriels.

Historiquement, on trouve principalement ces espaces ruraux sur l'axe Le-Havre-Strasbourg en passant par les Hauts-de-France (par exemple : les établissements Saint frères dans la Somme ou la manufacture de Guise dans l'Aisne).

## Pourquoi ces territoires ?

Certainement parce qu'ils disposaient d'un attrait géographique intéressant (accessibilité, main d'oeuvre en nombre). Cet espace rural particulier est désormais en grande difficulté, les habitants fidèles à leurs origines restent fortement attirés par le secteur secondaire.

La mondialisation des échanges force malheureusement les entreprises à fermer leurs portes et contribue à l'augmentation des taux de chômage du secteur, surtout depuis la crise de 2008. Malheureusement, le taux de chômage y est souvent supérieur à la moyenne nationale (14,3 % contre 9,7 %[3] en novembre 2016). Près de 40 % des emplois sont industriels.

La population est plus dense que dans les territoires vieillis à dominance agricole avec 88 personnes/km².[4]

Je pense que cela résulte de l'Histoire de ces territoires, puisqu'il y avait à l'époque un besoin important de main d'oeuvre dans les industries contribuant fortement à la création de cités industrielles.[5]
Enfin, on trouve les nouvelles campagnes des territoires ruraux en état de marche qui bénéficient d'un emplacement géographique idéal.

---

[3] http://www.journaldunet.com Taux de chômage et chômeurs en France : le point en juin 2015 », 04/06 15

[4] http://www.observationsociete.fr/lLa densité de population par département, 22 décembre 2011

[5] http/www.ceas53.org/pdf/Developpement local/Un-milieu-rural-en-mutation les campagnes les plus fragiles, en recul économique et démographique

## L'espace rural dense

C'est un territoire moins peuplé que l'espace périubain. On y compte une moyenne de 66 habitants au km²).[6] On appelle cette ruralité, la seconde couronne des agglomérations. La population travaille en grande majorité au sein de cet espace. C'est une partie des territoires ruraux pour laquelle l'agriculture est plus présente, puisque 8 % d'actifs travaillent dans cette branche. On retrouve aussi un actif sur 5 dans le secteur industriel.

## Les nouveaux espaces ruraux : espaces ruraux en mutation

Ce sont des campagnes qui se développent très vite et qui présentent différentes fonctions puisque ces espaces ruraux particuliers constituent tant un espace résidentiel qu'une demande en terme d'espace dédié aux loisirs et au tourisme. Ce sont donc des territoires ruraux avec différentes fonctions puisqu'ils ont une fonction résidentielle et une autre fixée sur des espaces dédiés aux loisirs et au tourisme.

---

[6] http://www.ceas53.org/Developpementlocal/Un-milieu-rural-en-mutation-*Les campagnes des villes, nouvelles formes du rural*

On retrouve ces territoires dans l'extrême sud du pays dans les régions méditerranéennes, la Corse et les côtes basques. Ils jouissent de leur situation géographique pour le climat qui est très agréable tout au long de l'année et pour la qualité de leur cadre de vie : c'est ce qu'on appelle plus précisément l'héliotropisme.[7]

Le flux migratoire est très positif dans ses régions. On compte une densité de population de 61 habitants/km [8] qui est très fluctuante selon les périodes de l'année et en particulier l'été où le tourisme y bat son plein. On constate que ce sont des territoires où l'emploi augmente. Le nombre d'emplois industriels y a augmenté de 32 % dans les années 1990, et les emplois tertiaires sont maintenant en vogue (43 %). L'agriculture y est toutefois réellement présente, avec une part importante de salariés (12 % d'actifs et 7 % d'exploitants).[9]

---

[7] L'héliotropisme est l'attirance des populations d'une région vers une région plus ensoleillée

[8] http://www.ceas53.org/pdf/Developpementlocal/Un-milieu-rural-en-mutation

[9] http://www.grep.fr

Le nombre d'emplois industriels a progressé, essentiellement dû au fait que les industriels y implantent leurs usines dans la mesure où il s'agit d' un bassin de population en devenir et donc d'une manne en terme de main d'oeuvre.

Le nombre d'emplois agricole est encore assez bien représenté, je suppose que c'est grâce aux terroirs de ces régions propices à la production agricole spécialisée (oranges, olives, vin, etc.) qui nécessite beaucoup de main d'oeuvre.

Ces territoires constituent les espaces ruraux intermédiaires, ni victimes de la fracture territoriale, ni pour autant extrêmement favorisés, et constituent des espaces ruraux en transition, situés principalement dans l'Ouest et le Sud-Est de la France. L'évolution des politiques agricoles et alimentaires jouera un rôle essentiel quant à leur avenir. Aujourd'hui émergent plusieurs « France » rurales : les campagnes des villes, les campagnes plus fragiles, et les nouvelles campagnes. Chacune de ces France incarne à sa façon la ruralité et chaque type de campagne est utile au développement national.

Je suis persuadé que tous ces territoires participent aux développement de notre économie, de notre territoire, de notre France !

Je sais que la ruralité est la fondation de la maison France grâce à son attrait économique : les campagnes permettent une diversité propre à la France : une diversité tant agricole (productions de céréales, de vins, de fruits et légumes), qu'économique avec ses emplois (secteur primaire, secondaire et tertiaire), que culturelle et touristique avec ses paysages (montagnes, plaines, vallées, etc.). Cette part de France, c'est la vôtre, c'est la nôtre, c'est la mienne : donnons lui les moyens de grandir, de s'épanouir, de vivre !

# Chapitre 3 :
# Les Hommes

Les communes de la ruralité constituent en terme d'emploi 25 % des actifs français. Ce chiffre restant relativement faible, prouve toutefois que les territoires ruraux bénéficient de personnes compétentes. Ce chiffre peut être renforcé en terme d'employabilité avec l'arrivée massive des activités de service (aide à la personne, logiciels d'aide, etc.). Les ruraux choisissent pour moitié des métiers du tertiaire (services à la personne par exemple) pour 20 % l'industrie, 10 % le bâtiment et enfin 20 % l'agriculture. L'essor des nouvelles technologies en agriculture fait suite à la révolution numérique qui a débuté à la fin des années 1980.

Les agriculteurs se doivent d'utiliser ces logiciels informatiques pour les différents pôles stratégiques de leur exploitation. Le contexte juridique évolue avec la loi de modernisation de l'agriculture de 2010[10] qui vise à réduire l'artificialisation des terres agricoles, la certification Certiphyto obligatoire depuis le 26 novembre 2015 ou encore des modifications de la Politique Agricole Commune. Cette évolution va

---

[10] JORF n°0172 du 28 juillet 2010 texte n° 3 LOI n° 2010-874 du 27 juillet 2010 de modernisation de l'agriculture et de la pêche (1)

indirectement favoriser l'emploi puisqu'il y aura un besoin en emploi de conseillers juridiques, financiers, et techniques auprès des acteurs des territoires ruraux (conseillers agricoles, conseillers bancaires, etc.). Le secteur agricole a déjà à sa disposition un certain nombre de solutions numériques pour aider les agriculteurs dans leurs prises de décision (gestion de l'apport d'azote, gestion de la fertilisation de fond, évaluation du risque fongique, etc.). Le secteur du machinisme connaît également un essor économique qui provoque une augmentation de l'offre d'emplois. Dans un avenir très proche, ceci va amener à la création de nouveaux emplois.

Il a d'ailleurs été prouvé que d'ici 2050[11], il y aurait 20 % de nouvelles professions principalement dûes à l' essor du numérique. Il est important de capitaliser sur le numérique et de proposer des formations dans les milieux ruraux ou dans les établissements scolaires ou dans les formations à destination des professionnels. N'hésitons plus à investir dans ce domaine d'activité qui participera au développement de notre ruralité.

_____

[11] selon l'institut française d'études démographiques

Les effectifs des établissements scolaires à vocation agricole et rurale sont en perpétuelle progression, et constituent un élément fort qui permet de s'apercevoir que le secteur agricole et rural est un secteur pourvoyeur d'emplois. L'agriculture est un secteur qui emploie. Depuis quelques années, elle est même devenue le deuxième employeur de France. L'industrie agro-alimentaire emploie 3,2 millions de personnes dont 1 million d'agriculteur et de salariés agricoles.

Une exploitation agricole, en 2016 est génératrice de 7 emplois au global (en prenant en compte les conseillers de gestion et juridique, les concessions, les technico-commerciaux, etc). Ces emplois font vivre les territoires et pour beaucoup ne sont pas délocalisables : le territoire étant l'outil de travail !

En 2012, un agriculteur nourrit 2,5 fois plus de personnes qu'en 1961 : une exploitation de 100 hectares nourrissait alors 831 personnes, 1551 personnes en 1988 alors qu'en 2012, pour la même surface, 2078 personnes pouvaient être nourries.

Oui, ces chiffres sont en progression.

Oui, les exploitations se sont donc forcément agrandies. En 1961, la recherche était réduite à son plus simple appareil, les technico-commerciaux n'était pas autant présents... Bref, les agriculteurs sont aujourd'hui de plus en plus accompagnés et génèrent beaucoup plus d'emplois. Bien que les exploitations soient plus compétitives en terme de qualité et de rendement à l'hectare, **c'est peut-être aussi l'une des causes des maux qu'elles subissent aujourd'hui.**

# Chapitre 4 :
# Jeunesse, France
# et emploi

La jeunesse française est très urbaine. Les jeunes en France représentent environ 15 % de l'ensemble de la population, contre un ratio de 9,7 % vivant dans les territoires ruraux. Seulement 2,5 % de jeunes habitent dans des zones rurales faiblement peuplées. Les grandes métropoles urbaines concentrent d'ailleurs 50 % des jeunes de cette tranche d'âge, ce qui s'explique en partie par l'afflux massif vers les villes des jeunes de 18-29 ans à l'âge de leur entrée à l'université ou dans la vie active. Pourtant, les jeunes sont les actifs de demain.

Il faut investir dans l'énergie de la jeunesse : c'est la garantie de la réussite de la ruralité demain ! Capitaliser sur les jeunes, c'est un facteur de poids dans la lutte contre la fracture sociale, qui se traduit sur le plan territorial.

Notons que l'Europe, consciente de cet enjeu, via le Conseil européen, a lancé une Initiative pour l'Emploi des Jeunes (IEJ).[12]

---

[12] IEJ vise à offrir un parcours d'insertion professionnel et social aux jeunes en difficulté. Elle cible tous les jeunes de moins de 26 ans sans emploi et ne suivant ni études ni formation qu'ils soient inscrits ou non en tant que demandeurs d'emploi. L'objectif est de les aider à trouver rapidement une solution d'intégration professionnelle dans l'esprit de la Garantie européenne pour la Jeunesse.

Les jeunes en zone rurale sont généralement moins diplômés que dans les zones urbaines et se tournent plus généralement vers les secteurs de l'agriculture, de la construction ou le commerce.

Dans les zones rurales les moins peuplées, les jeunes de 18 à 29 ans ont un niveau de diplôme plus faible que ceux qui vivent en milieu urbain. 26,6 % n'ont qu'un diplôme de niveau CAP ou BEP, contre 19,5 % en milieu urbain ! En ruralité, 9,4 % des jeunes de cette tranche d'âge ont un niveau Bac général, alors que dans le paysage urbain cette part constitue 16,8 % ! Ces chiffres s'expliquent par l'éloignement de cette jeunesse des pôles scolaires et universitaires. C'est pour eux plus compliqué de se rendre dans les villes, faute d'infrastructure autoroutières et ferroviaires.

De même, les ressources financières des parents dans ces territoires ruraux ne permettent pas forcément aux jeunes de pouvoir avoir la possibilité de faire des études. Les jeunes ruraux ont un niveau Bac technologique ou professionnel proportionnellement plus que dans les espaces urbains (20 %).

15 % seulement des jeunes possèdent un diplôme universitaire de 1er cycle (BTS ou DUT) tout en vivant

en milieu rural. La part de jeunes titulaires d'un diplôme de second ou de troisième cycle est deux fois plus élevée en milieu urbanisé (7,3 % des jeunes de 18 à 29 ans dans la ruralité contre 15,4 % en milieu urbain). La part des jeunes ayant un bac à vocation professionnelle dans les territoires ruraux est plus importante que dans les zones urbaines, c'est principalement dû au fait que les professions de ces territoires sont plus des travaux à vocation manuelle, telles que l'artisanat ou l'agriculture qui nécessitent moins de compétences intellectuelles, et donc moins de besoin de longues études. Il doit y avoir une égalité de chance dans l'accès aux études, si l'on ne veut pas que les grands principes républicains d'égalités devant l'enseignement restent lettre morte pour les jeunes issus de la ruralité.

Il est essentiel, pour illustration non exhaustive fondamentale, d'apporter une aide financière à la mobilité pour permettre aux jeunes des territoires ruraux qui le souhaitent de pouvoir se déplacer et d'avoir la possibilité d'intégrer de hautes études essentiellement situées en zone urbaine.

L'apprentissage est la solution la plus intéressante puisque cette voie présente des avantages indéniables :

- La possibilité donnée aux étudiants des territoires ruraux de pouvoir avoir une solution autre que le cycle de formation continue. Cette méthode permet aux jeunes de se former sur le terrain, une ressource nécessaire dans la ruralité, et d'avoir la possibilité de décrocher des diplômes. C'est une solution intelligente pour inciter les jeunes à prolonger leurs études.

- Permettre aux étudiants issus de familles défavorisées d'avoir une façon différente de financer les études. Le jeune aura alors la possibilité d'être rémunéré mensuellement par un employeur pour qui l'apprenti travaille de façon régulière. Sa formation peut aussi être payée par l'employeur, qui lui bénéficie d'aide à l'embauche d'apprentis. Le jeune bénéficie d'avantages non négligeables :

- La possibilité d'intégrer le monde du travail plus facilement de part l'expérience acquise et permettre ainsi de baisser le taux de chômage chez les jeunes en particulier en ruralité.

- La possibilité d'avoir un salaire très peu chargé  en cotisations diverses et l'opportunité de cotiser pour leur retraite dans le cadre d'un contrat d'apprentissage ou un contrat de professionnalisation, soit une cotisation pleine pour la retraite mais un taux identique à chaque travailleur, c'est à dire 22 %.

L'apprentissage est une solution d'avenir. Il est plus judicieux d'investir de l'argent dans ce type de contrat plutôt que dans des contrats dit d'avenir. C'est actuellement la seule solution pour remédier au chômage de la jeunesse. La bourse aux mérites félicitant les jeunes de toutes catégories sociales confondues est un facteur nécessaire pour favoriser les études notamment dans les territoires ruraux.

C'est une manière, de développer, à terme, l'accès à l'emploi, et donc de favoriser l'économie rurale locale. Des internats d'excellence en milieu rural pourraient être aussi instaurés.

L'idée est ici de récompenser les élèves studieux issus de la ruralité défavorisée afin de leur redonner goût au travail. Depuis maintenant quelques temps, la France est face à une dure réalité : les chiffres du chômage ne font qu'augmenter ! Cependant, il s'avère que le marché du travail détient des emplois non pourvus notamment dans le milieu rural. Des mesures doivent être prises dans le but de favoriser, de rendre plus attractif le marché du travail en zone rurale.

Il pourrait être intéressant de proposer une aide à la réorientation et au paiement de formation aux chômeurs de longue durée en milieu rural. Les territoires ruraux sont impactés par deux préoccupations contraires : des postes non pourvus et un taux de chômage supérieur à la moyenne nationale !

Le secteur agricole par exemple est en constante recherche d'emplois, notamment dans le domaine du machinisme agricole où la France manque de 5 000 personnes.

Les métiers de l'artisanat sont également cruellement délaissés par la population française, et chaque année de nombreux commerces de proximité en campagne ferment leurs portes : bouchers, charcutiers-traiteurs, boulangers.

On manque d'environ 10 000 emplois dans le secteur de l'agroalimentaire, de 12 000 emplois en agriculture, de 4 000 emplois en boucherie, et de 10 000 emplois en boulangerie. Cette anomalie est principalement due au manque de mobilité géographique des possibles actifs de ces zones rurales et également au manque d'attractivité des territoires éloignés des métropoles. Des solutions existent !

Je citerai Julien Steimer[13] : « *Il faut chercher à développer le télé-travail dans les zones rurales puisque cela permet de supprimer les distances et d'éviter les difficultés quotidiennes pour se rendre sur son lieu de travail »*. C'est un avantage considérable de profiter des nouvelles technologies pour créer des emplois dans les territoires ruraux et ceci de façon durable.

L'innovation technologique a révolutionné nos repères en supprimant les distances et en créant un réseau mondial dont doit pouvoir bénéficier les zones d'activités rurales comme les commerces touristiques.

Donnons plus de liberté pour le télétravail qui permet aux salariés de travailler plus efficacement en subissant moins de contraire. Pour Julien Steimer, il faut développer les emplois ruraux en terme de tourisme, de santé et d'aide aux personnes du troisième, voire quatrième âge.

Les possibilités de création d'emplois dans ce secteur sont nombreuses, puisqu'en 2015, l'espérance de vie est

---

[13] entretien avec l'ancien directeur de cabinet du ministre de l'Agriculture Bruno Le Maire de 2007 à 2012, expert mondial en sécurité alimentaire, directeur d'AXA entreprise et secrétaire général d' AXA France.

de plus en plus longue (augmentation de 65 % en seulement un siècle et en 10 ans, il y a eu une augmentation de l'espérance de vie de trois ans pour les hommes et de deux ans pour les femmes). Les territoires ruraux sont de plus en plus vieillissants. On ressent un besoin en établissements publics et privés de santé tels que les maisons de retraites, les maisons de santé, les associations d'aide au maintien à domicile, etc. Pour développer durablement nos territoires, il faut savoir garder en bonne santé ses habitants.

Une personne bénéficiant d'un suivi médical régulier et moins sujet au développement de maladies graves.

C'est un bien essentiel pour l'Homme mais également pour l'économie puisque le traitement d'une maladie grave est particulièrement couteux. La revalorisation touristique du patrimoine des territoires est également une manne potentielle d'emploi car elle a un triple avantage : améliorer l'intégration sociale, réduire le chômage et développer l'économie endogène des territoires. La centralisation des industries dans les zones urbaines amplifie la fracture territoriale actuelle.

A contrario, le développement des industries de transformation ou de conception par exemple pourrait permettre aux ruraux d'avoir un accès plus large au travail.

Des actions devraient être également mises en place pour favoriser l'implantation des PME et TPE dans les territoires ruraux. Il est crucial de proposer aux entreprises des avantages à l'implantation de leurs entreprises dans les villages. Il est certain que le fait de favoriser l'implantation d'industrie de moyenne envergure dans nos villages peut permettre aux municipalités, et de surcroît aux communautés de communes, de disposer de fonds grâce aux taxes professionnelles et aux impôts locaux.

Il pourrait également être intéressant de proposer l'exonération d'impôts sur les sociétés pour une durée de cinq années, pour les créateurs d'entreprises de moins de 26 ans en territoire ruraux afin de permettre de supprimer un frein à l'initiative et à l'innovation des jeunes.

Il est envisageable de pousser cette proposition plus loin en gelant les charges salariales sur la même durée. Ceci aurait pour effet d'inciter les jeunes (tous plus créatifs les uns que les autres) à proposer de nouvelles activités et à créer de l'emploi dans les territoires ruraux. La pression fiscale très importante en France est synonyme d'appréhension pour beaucoup, une telle mesure permettrait de créer des emplois durables qui pourraient être une solution endogène au développement des territoires en difficultés.

# Chapitre 5 :
# La terre

La réduction de la surface agricole utile est devenue un problème d'importance. L'urbanisation est en plein essor depuis quelques décennies, et par conséquent, les productions agricoles en sont directement impactées.

Ce fléau est une menace importante pour l'avenir de l'agriculture et les acteurs économiques présents dans les territoires ruraux. Depuis 50 ans, pas moins de 7 millions d'hectares ne sont plus cultivés, soit 20 % de baisse, passant de 35 à 28 millions d'hectares, dont 2,5 millions sur les terres agricoles. Des agents du Service Régional de l'Information Statistique et économique (SRISE)[14] ont réalisé des enquêtes Terruti-luca[15] permettant de constater qu'entre 2006 et 2010, 82 000 hectares de surface agricole ont été urbanisés.[16]

Jusqu'en 2050, il est normalement prévu que les zones urbaines empiètent sur 11 %[17] de la surface agricole utile française.

Il est plus important que les zones urbaines recherchent

---

[14] *agreste : entre agriculture et artificialisation*

[15] *Enquête sur l'occupation et l'utilisation du territoire*

[16] http://www.planetoscope.com

[17] *agreste / entre agriculture et artificialisatio*

plus à remplir les espaces ou locations sans affectation au sein des villes plutôt que de gâcher un foncier qui prend de plus en plus d'importance pour les territoires ruraux.

Les investisseurs commerciaux doivent ainsi plus utiliser les zones non valorisées en ville comme dans le projet d'aménagement exposé dans l'article de Presse du Courrier Picard en date du 28 mai 2015[18] « *Un nouveau morceau de ville* ». Dans l'article, Daniel de Bosphore, administrateur du groupe Immo des Mousquetaires précise :

**« Notre ambition, c'est de tourner le site vers l'avenir et les nouvelles richesses du XXIe siècle que sont le développement local, l'échange, le vivre ensemble et la culture. On ne doit plus concevoir des zones tout voiture et isolées de tout […] et en réduisant les espaces tels que les parkings. »**

---

[18] http://www.courrier-picard.fr/ abbeville-un-nouveau-morceau-de-ville-se-dessine

Oui, les nouveaux projets d'aménagement urbain doivent prendre en compte les changements de nos territoires. Les agriculteurs travaillent dans le but de remplir quotidiennement nos assiettes et de produire une matière première nécessaire à la production d'énergies renouvelables, la création de textile, de matériau de construction. C'est un secteur qui génère de nombreux emplois.

Les agriculteurs contribuent au développement durable de la ruralité. La France est leader en terme de production de denrées agricoles grâce à un chiffre d'affaires de plus de 65 milliards d'euros en 2014, soit 24 % de la production européenne, devant l'Allemagne qui génère 50 milliards d'euros de production agricole, l'Italie avec 42 milliards et l'Espagne avec 40 milliards.[19] 9 % des productions agricoles et agroalimentaires en France sont importés.

La balance commerciale agricole est excédentaire à raison de 9 milliards d'euros c'est à dire que notre agriculture exporte plus qu'elle n'importe.

---

[19] www.insee.fr

Un sondage a été effectué au sein de l'Union Européenne, qui a révélé que 9 personnes sur 10 s'accordent à dire que l'agriculture et la ruralité sont d'une importance majeure pour l'avenir du continent.[20]

Ces personnes-là ont raison : de l'exploitant-agricole à l'ingénieur produit, en passant par le conseiller technique, conseiller fiscal ou même le juriste en droit rural, l'industrie agroalimentaire, la production de produits dérivés etc, les bassins d'emplois sont bien là et ils sont riches d'expertises. Le développement durable de l'agriculture profite à l'ensemble du continent et à sa bonne économie. La France est considérée comme un acteur primordial dans le secteur de la viande, des produits laitiers, des céréales et du vin. L'agriculture contribue à la création et au maintien de la diversité, des habitats semi-naturels. Les agriculteurs ont donc un double rôle : produire notre alimentation mais aussi gérer l'espace rural.

L'agriculture française fait face à de graves problèmes financiers et structurels (les filières du porc, du lait et des bovins allaitants notamment).

---

[20] http://ec.europa/Agricultureetdevellopementrural/sondage Eurobaromètre

Actuellement, le secteur céréalier, qui historiquement supporte plus facilement cette crise, est touché. En 2016, les céréaliers ont vécu une année sans prix, sans qualité et sans rendement, plombant leurs chiffres d'affaire, déjà gravement impactés par une conjoncture défavorable.

L'ensemble de ces crises que connaît la France a été révélée aux yeux du plus grand nombre l'été dernier. Ces dernières ne sont pas nouvelles, depuis de nombreuses années, l'agriculture est durement touchée par un contexte économique et social globale morose.

Sur les 54,9 millions d'hectares que représente le territoire français, seuls 7,6 millions d'hectares issus du territoire non agricole. 31,8 millions d'hectares sont des territoires agricoles et 15,6 millions d'hectares des bois et forêts… La France est le premier pays de production agricole de l'Union Européenne avec 20,4 % de la production globale en Europe.

La ruralité, c'est aussi l'agro alimentaire qui représente 32,8 milliards d'euros ou 1,83 % du PIB national alors qu'en 1980 nous étions à 4,3 %.[21]

Si ce chiffre a diminué, ne soyons pas naïf, je suis convaincu qu'il n'est pas dû à une baisse d'activité et de compétitivité de l'agriculture mais à un essor important de l'industrie dans la production de PIB.

Le secteur agricole se mécanise de plus en plus ! Il n'est plus nécessaire de disposer d'une main d'oeuvre importante, la taille des exploitations agricoles a fortement augmenté.

Selon, Monsieur Hervé Lejeune[22], inspecteur général de l'agriculture au CGAAER[23] : « *Sur le papier, nous produisons suffisamment pour nourrir deux fois plus de personnes En 2050, nous serons non plus 7 milliards d'habitants sur la planète mais presque 9 milliards.*

------------

[21] http://agreste.agriculture.gouv.fr/pdf Résultats économiques de l'agriculture/page1/graphique « l'agriculture et les iaa dans le produit intérieur brut »

[22] enseignant à l'IHEDREA et ancien sous-directeur à la FAO (Organisation des Nations unies pour l'alimentation et l'agriculture)

[23] Conseil Général de l'Agriculture

*Il nous faudra produire plus de denrées alimentaires et de manière plus propre* ».

C'est une opportunité pour le secteur agricole rural, puisque nous avons l'obligation d'assurer une sécurité alimentaire à l'ensemble des citoyens du monde. Les territoires ruraux devraient en incidence bénéficier de ce développement technologique.

L'opinion publique regrette que les exploitations agricoles grossissent et deviennent des « fermes usines » mais le monde évolue incontestablement, il est urgent que les mentalités changent !

Je suis un fervent défenseur de l'agriculture familiale mais ne soyons pas bornés, le regroupement d'exploitation (notamment laitières) est une nécessité. Nous avons la chance d'avoir un territoire hétérogène, acceptons d'avoir une agriculture hétérogène. En 2010, il fallait 605 000 agriculteurs pour produire 37 millions de tonnes de blé, 10 millions de tonnes d'orge et 14 millions de maïs.[24] Cette augmentation constante résulte de l'arrivée des nouvelles méthodes de travail

---

[24] http://www.passioncereales.fr/agriculture-et-territoires-des-défis-et-unavenir-à-partager/Accueil/Agricultureetterritoires: desdéfisetunaveniràpartager

(intrants chimiques et fertilisants) mais aussi du développement des centres de génétique où les semenciers recherchent et développent des variétés susceptibles d'être plus productives.

Le besoin de l'agriculture pour nourrir une planète, où le nombre de bouches ne fait que de croître, a bénéficié de cette révolution technologique qui a permis aux territoires ruraux d'augmenter l'impact économique qu'ils représentent dans la globalité de l'économie nationale.

La France compte 13 000 entreprises agroalimentaires, ce qui constitue le 2ème employeur du pays. Aussi, 30 % du tourisme se fait dans les territoires ruraux pour pas moins de 40 000 gîtes ruraux.[25] Le marché agricole à terme est une menace pour l'agriculture française puisqu'elle engendre une volatilité des collectes en organisme coopératif et en négoce.

La suppression des prix de vente minimum, proposée depuis des années par l'Union Européenne par l'intermédiaire du Fonds Européen Agricole pour le Développement Rural (FEADER) afin de permettre

---

[25] www.passioncereales.fr

l'essor de l'agriculture européenne pousse les marchés à une fluctuation importante, peu propice à stabiliser l'avenir des agriculteurs des territoires ruraux.

L'aspect économique reste la principale préoccupation de tous les agriculteurs : la majorité va, en fonction du prix sur le marché, privilégier une culture à une autre. Ceci a pour conséquence la possibilité d'avoir des stocks fortement différents d'un territoire rural à un autre, selon les années.Le plan Ecophyto vise à la diminution de 30 % l'utilisation de produits phytosanitaires à l'horizon 2018.Le ministre de l'Agriculture, Monsieur Stéphane Le Foll[26], a jugé au début de l'année 2013 cette mesure irréalisable sur une période si courte. En Novembre 2014, Monsieur Potier[27] a alors proposé un nouveau texte de loi au Premier ministre Manuel Valls, fixant une baisse de 50 % de l'emploi des phytosanitaires. Le texte prévoit deux phases à la réduction. D'abord, 25 % pour l'année 2020 et ensuite 25 % en 2025. Mais surtout, ce plan environnemental a pour conséquence la baisse des achats de produits phytosanitaires engendrant une baisse non négligeable du chiffre d'affaires annuel des

---

[26] Ministre de l'Agriculture, de l'Agroalimentaire et de la Forêt, Porte-parole du Gouvernement

[27] Dominique Potier est Député de Meurthe-et-Moselle

coopératives françaises, particulièrement présentes dans les territoires ruraux. Bien qu'intéressant d'un point de vue écologique, le plan Ecophyto apparaît ainsi comme une menace dans le secteur coopérateur.

Il peut constituer une difficulté face à l'essor des services, puisqu'il peut amener à un problème de développement des espaces ruraux; cette mesure risquant, de plus, d'avoir un impact économique sur les entreprises dégageant une ressource financière grâce à la vente de produits phytosanitaires. Cette mesure obligera un temps d'adaptation de la part de chaque acteur économique de nos territoires, et particulièrement ruraux, déjà particulièrement touchés par la fracture territoriale. Les coopératives agricoles rurales auront l'obligation de diversifier leurs activités en proposant des services alternatifs pour vendre des solutions permettant de limiter l'impact environnemental négatif de l'agriculture, ce qui occasionnera un réel changement de sources de revenus. Il est essentiel que les coopératives replacent les agriculteurs au centre de leurs préoccupations.

Ce que veulent ces derniers n'est pas d'être associé coopérateur dans la plus grosse structure coopérative du pays mais être payé un prix juste.

Il est essentiel que des mesures de protection soient prises au ministère de l'agriculture par l'intermédiaire de la structure « Coop de France » pour éviter l'apparition de méga-coopérative.

# Chapitre 6 :

# Le numérique

L'humanité a connu depuis des millénaires peu de révolutions industrielles. La première est très ancienne : la découverte des outils à la préhistoire, les Hommes utilisent alors la nature comme outil de production (domestication des animaux pour se nourrir (viande, tirer les charrues) et se vêtir). La révolution industrielle est la seconde révolution. L'Homme améliore ses outils. Il crée le moteur à explosion, c'est d'abord une révolution énergétique qui lui apprend à dominer l'énergie. Puis les productions augmentent et apparaît la société de consommation que nous connaissons.

Nous vivons la révolution numérique. Il est primordial que la ruralité soit pleinement intégrée dans celle-ci. Les nouvelles technologies sont désormais devenues indispensables tant pour la qualité de vie que pour la croissance économique de notre pays. Elles conditionnent le dynamisme de nos territoires. Il est maintenant obligatoire de proposer un accès au numérique à tous sur tous les territoires.

Le constat montre que beaucoup de territoires ruraux ne développent ni réseaux téléphoniques, ni l'ADSL pour leur connexion internet. Les politiques nationaux ou locaux peinent à développer les technologies haut débit sur l'ensemble des territoires, les zones rurales sont également impactées par la non couverture numérique. Plus de 20 % des Français n'ont pas accès à une connexion Internet ou ont une connexion inférieure à 2 Mbt/s. Seuls quelques privilégiés bénéficient d'une offre complète dans de bonnes conditions, généralement en ville (TV à la demande, fibre numérique et couverture haut débit totale).

Nous ne pouvons plus attendre, il est urgent de mettre en oeuvre une politique de relance numérique pour donner accès aux ressources informatiques à tous. C'est devenu un besoin primordial pour l'équilibre des territoires. En 2017, on ne peut pas admettre que 2 personnes sur 10 soient encore privées d'une connexion internet ou profitent d'un débit trop faible. Cette relance permettrait de développer les investissements pour l'installation d'antennes relais auprès des opérateurs téléphoniques et subventionner les associations en charge du développement numérique des territoires.

L'administratif est de plus en plus effectué numériquement (télé-déclarations, mail, site Internet).

Les collectivités territoriales devraient subventionner les start-up nouvellement créées dans le secteur de l'aménagement numérique.

Il serait judicieux que les collectivités rurales subventionnent les entreprises nouvellement créées pour accélérer la cicatrisation de la fracture numérique. Ceci aurait pour incidence de donner un accès numérique à tous et de permettre ainsi de supprimer les distances, d'améliorer l'accès à l'information et de permettre une ouverture au monde.

# Chapitre 7 :

# Le tourisme

La France rurale est belle par la diversité de son patrimoine, de par ses forêts, de par ses plages, de par ses montagnes, de par ses campagnes. La France compte 38 000 monuments historiques (13 000 sont même classés) et environ 8 000 musées. La tour Eiffel est le site touristique le plus visité au monde. La France possède 16 des 25 sites culturels les plus fréquentés de la planète. Le tourisme est donc un puissant atout pour notre pays.

Chaque année, de nombreux étrangers privilégient l'hexagone pour leurs voyages, la France est le premier pays touristique au monde. En 2013, on dénombrait pas moins de 85 millions de vacanciers étrangers. **Ces touristes privilégient-ils notre chère capitale Paris ou sont-ils attirés par la beauté très diverse de nos territoires ruraux ?**

La dynamique touristique ne se limite pas uniquement aux acteurs professionnels de ce secteur d'activité mais permet de faire vivre l'ensemble des professions d'une commune : le buraliste, le pharmacien, le boucher, le boulanger, etc.

Le tourisme peut prendre différentes formes : le tourisme bleu pour le littoral, le tourisme blanc pour la montagne, le tourisme urbain pour le tourisme culturel, le tourisme religieux et bien entendu le tourisme rural ou tourisme vert.[28]

## Le tourisme blanc ou de montagne

Il est très développé car l'espace français est couvert de sept grands massifs (Pyrénées, Alpes et Vosges principalement). Il représente 23 % du territoire national. Il est très en vogue puisque notre pays dispose du premier domaine skiable d'Europe et représente 30 % du domaine mondial. Pourtant, seulement 8,3 % des Français partent aux sports d'hiver. L'atout du tourisme de montagne est sa double saisonnalité puisque les touristes hivernaux ne sont pas les mêmes que ceux d'été. Son poids économique représente 9 milliards d'euros de chiffre d'affaires et 30 % de la clientèle y est étrangère. La période estivale permet à l'ensemble du territoire montagnard de tirer profit de la richesse touristique de leurs territoires.

---

[28] http://archives.entreprises.gouv.fr/stat_etudes/etudes/ territoires/ tourisme_rural2006.pdf

## Le tourisme urbain

Ce sont principalement des voyages effectués vers la ville. Il est en perpétuel essor. La ville est l'espace le plus fréquenté par les touristes étrangers en France. La région Île-de-France, la région Auvergne, Rhône-Alpes et la région Provence Alpes-Côte d'Azur sont les trois principaux flux touristiques culturels. Les villes proposent également de multiples festivals (500/an) sur des thèmes variés (musique, théâtre, danse, bande dessinée, etc.).

Ce tourisme doit son essor à la poussée du tourisme événementiel : concerts, expositions universelles, championnats sportifs. Les croyants constituent également des touristes religieux qu'il convient de ne pas négliger. En France, il y a pas moins de 1500 lieux de pèlerinage, le plus connu étant la ville de Lourdes qui accueille près de 5 millions de visiteurs par an, deuxième ville touristique de France après Paris. Les lieux de culte ont une réelle influence au niveau du développement rural.

Ils permettent le développement du tourisme dans les territoires voisins qui bénéficient, de façon implicite, de l'afflux de religieux.

Ceci participe également à la création d'une économie touristique pouvant irriguer le tissu rural de la zone.

## Le tourisme rural ou tourisme vert

Comme évoqué auparavant, le territoire rural correspond à 80 % du territoire national. C'est la deuxième destination touristique de France pour les vacances d'été. La ruralité jouit d'une fréquentation en progression constante depuis les années 90. Les gîtes de France et les gîtes de charme connaissent un succès très vif depuis cette période. On compte de multiples possibilités d'hébergement : 40 000 gîtes de France[29], 5 000 établissements hôteliers regroupés sous le label « logis de France » dont 4 000 dans les territoires ruraux puis viennent les campings et les résidences secondaires. Les territoires ruraux proposent des activités particulièrement diversifiées : la pêche, la chasse, le vélo, la randonnée, le golf, l'équitation, l'escalade, la spéléologie, etc.

---

[29] http://www.gites-de-france.com/les-gites-de-france-en-chiffres

## Le tourisme bleu

Les voies navigables de France constituent également une particularité faisant la richesse de notre beau pays, tout comme les activités aquatiques, richesse touristique de nos territoires. La France, c'est 6 700 km de voies navigables (canaux et rivières aménagés), ce qui en fait le premier réseau européen.[30] C'est une activité touristique qui s'est démocratisée à partir des années 1980, et depuis son attractivité ne fait que de croître. C'est un type de tourisme différent de ce que l'on rencontre habituellement, car il permet de découvrir la beauté des territoires de l'hexagone « au fil de l'eau ».

C'est d'ailleurs un voyage très apprécié par les étrangers et il présente un avantage certain pour l'économie des territoires ruraux par la location des embarcations de petits bateaux de plaisance ou encore les péniches-hôtels. L'établissement public des voies navigables de France est chargé d'administrer, de gérer et de développer ce réseau. Selon ce dernier, 230 millions d'euros sont générés chaque année, ce qui a pour incidence de favoriser l'économie endogène des territoires, souvent ruraux.

---

[30] http://www.vnf.fr/ tourisme et domaine

Selon, l'Union Nationale des Associations de Tourisme (UNAT)[31], le tourisme bleu est la première destination touristique puisqu'il représente 36 % du tourisme national. Le tourisme bleu est le tourisme à destination des départements avec une façade maritime. Cela représente 5 500 km de côtes dont 3 800 km sur l'océan Atlantique et 1 700 km sur la mer Méditerranéenne. C'est principalement un tourisme d'été, une période de l'année où la population locale est doublée voir même triplée. Ce touriste est très sédentaire car il se déplace que très peu dans le territoire, son souhait étant de se reposer sans pratiquer une activité particulière. Outre les différentes facettes du tourisme en France, il est essentiel de savoir que les instances politiques et syndicales agricoles et rurales jouent un véritable rôle dans le paysage économique rural.

---

[31] Association créée en 1920 et reconnue d'utilité publique, l'UNAT regroupe aujourd'hui les principaux organismes à but non lucratif et associations de tourisme français.

# Chapitre 8 :
# Les syndicats

Tous les 6 ans ont lieu les élections de la Chambre d'Agriculture. Elles permettent aux différents acteurs du secteur agricole de choisir leurs représentants (45 à 48 représentants élus au suffrage universel direct). On recense des représentants d'exploitants agricoles, d'anciens exploitants, de propriétaires, de salariés agricoles, de salariés d'organismes, de membres de groupements professionnels et de représentants de Centre Régionaux de la Propriété Forestière (CRPF). Les syndicats agricoles français sont la Fédération Nationale des Syndicats d'Exploitants Agricole (FNSEA), les Jeunes Agriculteurs (JA) (branche jeune de la FNSEA), la Coordination Rurale, la Confédération paysanne et le Mouvement des Exploitants Agricoles Familiaux (MODEF). La FNSEA et les JA sont majoritaires dans les chambres d'agriculture puisque leurs listes départementales ont réuni 54,9 % des voix aux élections de 2007 et de 2012.

## Les syndicats agricoles participent-ils au développement rural ?

La profession agricole est très syndiquée.

Les syndicats ont un rôle de représentation des hommes, des produits et des territoires.

74

Ces institutions ont un impact réel sur le développement de la ruralité. Le rôle principal des institutions est d'assurer le renouvellement des générations en agriculture et de défendre les intérêts des agriculteurs. Les syndicats agricoles sont représentés dans les différentes instances du secteur agricole : ils siègent dans diverses commissions comme celle de la Fédération Départementale des Coopératives d'Utilisation de Matériel Agricole (FDCUMA), du Crédit Agricole, la Mutualité Sociale Agricole (MSA), de Groupama, la Chambre Départementale d'Agriculture.

Ils sont également présents dans les Commissions de Sociétés d'Aménagement Foncier et d'Etablissement Rural (SAFER), VIVEA[32] et l'Organisation Départementale d'Aménagement des Structures

---

[32] Vivea est un fonds d'assurance formation qui a été créé par la Confédération paysanne, la Coordination Rurale, et la FNSEA) et des organisations agricoles (Chambre d'agriculture etc). Les domaines d'action de Vivea sont le financement, le développement, la réalisation de la promotion de la formation professionnelle continue, l'amélioration de l'adéquation entre l'offre et les besoins et le développement de l'innovation.

d'Exploitation Agricoles (ODASEA)[33]. Le syndicat des jeunes agriculteurs regroupe les paysans de moins de 35 ans. Son principal objectif est de défendre les intérêts des jeunes lors de la reprise d'exploitation.

Ce syndicat a aussi pour rôle de former les futurs responsables syndicaux, d'être l'interlocuteur de référence pour communiquer sur le métier d'agriculteur, de proposer des idées innovantes et d'animer le milieu rural. Ils défendent leurs intérêts aux différentes manifestations soit de promotion comme la finale départementale de labour et des manifestations de défense comme la semaine nationale contre le gâchis du foncier à l'automne 2013. Mentionnons l'importance de la journée d'action contre la complexité administrative en agriculture en date du 7 novembre 2014.

Ce jour là, 36 500 agriculteurs se sont réunis pour mener des actions dans 150 villes de France. Ils ont effectué des rassemblements devant des bâtiments administratifs, distribué des denrées alimentaires et traversé les villes

---

[33] L'ODASEA intervient pour faciliter le renouvellement des générations : installation de jeunes agriculteurs, l' appui à la transmission de ceux qui cessent leur activité, la modernisation et l'adaptation des exploitations agricoles et la prise en compte de l'environnement.

en tracteurs notamment. Cette action a conduit le gouvernement à répondre concrètement à cinq de leurs revendications. Les syndicats agricoles ont donc un poids important dans les négociations, les gouvernements successifs et l'administration qui sont souvent dans l'obligation de demander l'avis du syndicat agricole majoritaire avant de modifier ou de créer quoique ce soit.

Souvent dans mon territoire, j'entends dire que le ministère de l'Agriculture et la FNSEA sont à la fois meilleurs amis et meilleurs ennemis. Ils sont acteurs de développement rural en permettant aux habitants des milieux ruraux de faire valoir leurs revendications.

Les organisations syndicales doivent, quand le sujet le permet, s'unir puisqu'ils ont tous un intérêt commun : la préservation de l'agriculture et des territoires ruraux. Je suis persuadé qu'un conciliabule inter-syndicats peut être envisageable pour certains sujets comme ils avaient su le faire pour créer le fonds VIVEA en 2001. Le regroupement des syndicats n'est pas une solution mais il est parfois judicieux de faire preuve de bon sens paysan et se réunir pour appuyer des revendications communes.

.

# Chapitre 9 :
# L'environnement

La France est le plus grand pays agricole de la communauté avec 16 % de la surface agricole européenne. L'agriculture occupait en 2013 la moitié du territoire de la France métropolitaine soit 28 millions d'hectares.[34] La France a ainsi perdu 3 millions d'hectares. Il faut vite mettre en place un plan de protection du foncier agricole, refuser le morcellement de parcelles pour construire des infrastructures inutiles. Les projets doivent être réfléchis auparavant.

Le territoire français se divise de la manière suivante : 51 % de terres agricoles (surfaces en herbe, terres arables) et 9 % de sols artificialisés (villes, infrastructures industrielles, villages).[35] L'espace rural perd du terrain au profit des villes. Il serait judicieux d'optimiser les espaces urbains non utilisés avant de chercher à étendre les villes sur le foncier agricole.

Par ailleurs, au niveau européen, la Politique Agricole Commune contribue au verdissement de l'agriculture (4 % de la Surface Agricole Utile (SAU) de chaque

---

[34] *agreste/plaquette Utilisation du territoire en France métropolitaine*

[35] http://wikiagri.fr/a/les-dix-enjeux-des-sols-en-2015-/*Quelle est l'importance de l'artificialisation des sols en France*

exploitation est dédiée à la biodiversité) en modulant les subventions attribuées en fonction des mesures mises en place pour la protection de la biodiversité. Cette politique ne peut qu'être favorable au développement économique, voire touristique des zones rurales françaises. La France est première de classe en matière d'énergie propre, notamment grâce à son objectif de développement des énergies renouvelables : solaire, éolienne, photovoltaïque, usine de méthanisation, etc. Beaucoup d'études ont démontré que la production de biomasse sur les terres agricoles permettrait de produire une énergie verte en grande quantité. Les usines de méthanisation ne sont toujours pas développées à grande échelle sur notre territoire. Pourtant, la loi d'Avenir Agricole a donné plus de souplesse aux actifs agricoles, mais ceci n'a pas suffit.

Je crois à l'alternative au nucléaire et au recyclage des déchets d'origine naturelle pour produire de l'énergie. Donnons-nous les moyens de réussir notre révolution verte. Il est encore temps.

Donnons encore plus de souplesse aux acteurs pour leur permettre de développer ces productions, ces activités écolo-compatibles.

La production énergétique est un atout important du monde rural, elle confère la capacité aux agriculteurs de se diversifier. Les agriculteurs jouent un rôle extrêmement important en cultivant les terres adéquates. Ils ont la possibilité de satisfaire aux besoins en denrées alimentaires et de satisfaire d'éventuelle production de biomasse. Cependant, il faudrait investir dans le même temps dans la génétique végétale afin de permettre une augmentation des rendements pour répondre à la volonté de produire plus et plus propre.

# Chapitre 10 :
# L'économie

L'espace rural bénéficie de richesses économiques importantes : artisanats, gros-oeuvre, aide à la personne (services, tourisme, commerces, hôtellerie, etc.). Celles-ci entretiennent le territoire (agriculture, sylviculture, agro-alimentaire), et les industries profitent d'un foncier à un prix plus abordable. Il existe des freins de développement structurels plus importants qu'en zone urbaine (réseaux de transports, mobilités, NTIC[36], degré de qualification de la main d'oeuvre, accès à la formation).

L'agriculture et l'agroalimentaire représentent la première activité exportatrice française, devant l'automobile (6,8 milliards d'euros d'export de céréales françaises en 2011-2012). Aujourd'hui, la France est le premier pays européen producteur agricole et agroalimentaire et le quatrième pays exportateur de produits agroalimentaires transformés au monde. La crise de 2008 a été d'ampleur internationale. Elle résulte des *subprimes* (crédits immobiliers à taux variables) aux Etats-Unis en 2007-2008.

---

[36] Acronyme utilisé dans les années 2000 pour désigner tous les outils ou techniques relatives à l'informatique connectée à l'internet : commerce électronique, applications multimédia, services informatiques...

C'est une crise financière qui a concerné le secteur de l'immobilier et a touché le système bancaire avec la faillite de la banque « _Lehman Brothers_ »[37] précipitant la crise au niveau mondial à partir de 2008. Entre 2008 et 2010, la France a assez bien résisté à la crise, son impact étant moins dramatique socialement qu'ailleurs (Grèce, Espagne, Portugal, etc.).

On a constaté, à partir de 2008, une augmentation du chômage (en particulier dans les industries) et une croissance en berne. Cette crise a eu pour conséquence un effondrement du marché de l'immobilier et des faillites de banques dans le monde (en particulier aux USA et en Europe).

Les banques avaient acheté auparavant des titres _subprimes_, ce qui a provoqué un krach boursier immédiat et une panique sur les marchés. La crise, par sa durabilité, provoque une scission inéluctable entre les deux types d'espaces français.

---

[37] Banque d'investissement multinationale proposant des services financiers. Le siège social de la firme se trouvait à New York, et elle possédait d'autres sièges régionaux à Londres et Tokyo ainsi que divers bureaux à travers le monde. Elle fit officiellement faillite le 15 septembre 2008 (faute de repreneurs) à la suite de la crise financière mondiale née de la crise des subprimes.

La conjoncture économique mondiale du moment a obligé les gouvernements français successifs à revoir le modèle économique et le financement des territoires. On a alors, pour limiter les coûts et rester compétitifs, favorisé les zones urbaines où la main–d'oeuvre est la plus présente, tout comme les infrastructures et les réseaux de transports sont les plus abondants.

La crise a amplifié la concurrence entre les différents territoires français et a malheureusement favorisé les territoires attractifs (aide aux entreprises, apports de capitaux, etc.). Elle a aussi été amplificatrice d'inégalités par la diminution du pouvoir d'achat des ménages ce qui a constitué une contrainte pour les territoires les moins développés. Par ces différents points, la crise a été un net frein au développement des espaces ruraux. On a délaissé la ruralité puisqu'il était urgent de renflouer les banques en difficulté. Les fonds attribués aux organismes bancaires auraient été extrêmement nécessaires aux espaces ruraux.

# Chapitre 11 :
# Les institutions
# rurales

La Société d'Aménagement Foncier et d'Etablissement Rural (SAFER) doit sa naissance à la loi d'orientation agricole du 5 août 1960.[38] C'est un organisme français créé afin de permettre d'améliorer le foncier, de faciliter l'installation des jeunes et d'assurer le maintien des exploitants agricoles et forestiers. Elle oeuvre à l'aménagement et à l'amélioration du parcellaire (remembrement) et au remaniement des parcelles sur nos territoires. Cet organisme tente de maintenir la diversité des paysages ruraux, d'assurer la durabilité des écosystèmes et veille à la protection des ressources naturelles. La SAFER communique aux services de l'Etat les opérations qui ont une incidence sur l'évolution des prix de l'hectare agricole mais aussi sur la proportion des changements d'utilisation des terres à destination de l'agriculture. Son rôle principal est, en résumé, d'assurer la transparence du marché foncier.

La SAFER se décline par régions en grande majorité mais il arrive qu'une SAFER gère un département ou un groupe de département quand ces derniers ont une forte vocation agricole.

---

[38] Loi n° 60-808 du 5 août 1960 d'orientation agricole; modifié par Loi n°93-1420 du 31 décembre 1993 - art. 11 JORF 1er janvier 1994

Depuis 1900, sa fonction principale est d'assurer la mise en oeuvre des actions foncières des instances locales, d'assurer la transparence du marché foncier, de veiller aux respects et la protection de l'environnement (protection de la faune et de la flore de nos paysages).

Il lui est d'ailleurs permis d'exercer un droit de préemption quand l'opération ne peut pas être négociée à l'amiable dans le but de rétrocéder des terres aux agriculteurs les plus autorisés à répondre aux critères définis (installation de jeunes, activité de diversification par exemple).

Pour exemple : Les communes de Murviel-les-Montpellier, Saint-Georges d'Orques, Montarnaud et Saint-Paul et Valmalle dans la région du Languedoc-Roussillon se sont regroupées en association pour créer un parc d'attraction sur les 537 hectares d'un seul tenant des exploitations du Mas Dieu et du Mas de la Tour, et ce afin de promouvoir le développement économique de ces communes. Elles ont alors fait appel à la SAFER pour négocier avec les propriétaires l'acquisition du site pour réaliser une étude d'optimisation de l'utilisation du foncier.

Comme c'était un projet d'ampleur, une étude préopérationnelle a été réalisée pour déterminer les conditions de faisabilité du projet et anticiper la répartition du foncier entre les éventuels preneurs. Finalement, la SAFER s'est portée acquéreur et a directement vendu à l'association des trois communes une surface de 136 hectares pour constituer des réserves foncières, 242 hectares au Conseil Départemental de l'Hérault, 10 hectares à un privé pour un projet de création d'un centre de la vigne et de l'olivier et les 4 hectares du Mas de la Tour à un autre privé pour un projet de création de la maison de la nature et des énergies renouvelables.

Elle a aussi permis d'attribuer 85 hectares de vignoble pour 11 candidats après les travaux de mise en valeur, 45 hectares à répartir entre 12 candidats, 14 hectares pour la création de truffière à répartir entre 2 candidats et 2 hectares pour un projet apicole. Concrètement, cet exemple me permet de mieux expliquer l'apport de la SAFER aux territoires ruraux puisqu'elle assure la coordination, la maîtrise d'oeuvre des différentes études de projets.Les Chambres d'Agriculture sont des organismes de proximité qui proposent différents services aux agriculteurs et aux autres professionnels de la profession agricole, mais aussi aux collectivités locales. Les Chambres d'Agriculture ont été créées par la loi du 3 janvier 1924[39], sont régies par le Code Rural et ont deux missions essentielles :

## Une mission d'intervention

La Chambre d'Agriculture intervient auprès des agriculteurs pour des conseils juridiques, techniques ou sociaux. Elle assure aux exploitants agricole une aide à la gestion administrative, propose des services informatiques et des journées de formation aux agriculteurs.

En résumé, elle a à sa charge de trouver des solutions pour répondre à leurs besoins. Il faut noter que la Chambre d'Agriculture intervient au sein des territoires ruraux en partenariat avec la Chambre de Commerce et d'Industrie et la Chambre de l'Artisanat et des Métiers dans le but de développer l'économie des territoires ruraux, principalement sur les filières et infrastructures agricoles, industrielles et commerciales.

---

[39] JORF du 4 janvier page 130 Loi du 3 janvier 1924, Chambre d'Agriculture

Les techniciens et les ingénieurs des Chambres d'Agriculture ont donc une mission d'intervention en terme d'information, d'animation et d'expertise auprès des agriculteurs ruraux, de recherche et de développement (expérimentation, etc.) et une aide à l'organisation de projets de développement agricole et rural. Pour illustrer mes propos, je vais préciser dans le développement ci-dessous une mission qui incombe aux Chambres d'Agriculture.

## Une mission de consultation

C'est l'organisme représentatif des intérêts agricoles auprès de l'Etat et des collectivités territoriales, c'est un acteur incontournable au développement durable de l'agriculture et des territoires ruraux.[40]

La Chambre d'Agriculture a donc un rôle important de consultation par sa représentation de l'activité agricole.

_____

[40] Elle a un rôle de recherche avec son service d'expérimentation. Les chambres d'Agriculture Départementales, les chambres régionales d'Agriculture et l'Assemblée Permanente des Chambres d'Agriculture (APCA) au niveau national. Elles sont présentes dans chaque département de France et sont administrées par 4200 élus au suffrage universel.

Les collectivités locales, les parlementaires et les représentants de l'état sollicitent l'avis de cette institution agricole pour les différentes mesures ou les projets pour lesquels l'agriculture est concernée. Suite au départ en retraite d'un agriculteur voisin, je me suis positionné pour la reprise d'une parcelle, propriété du Centre Communale d'Action Sociale (CCAS) de mon village. J'ai alors été convoqué par la Commission Départementale d'Orientation Agricole (CDOA) [41] en juillet 2011 et j'ai eu l'opportunité de prendre part en tant que demandeur à cette Commission. Les représentants de la Chambre d'agriculture jouent un rôle, avec d'autres membres (MSA, entreprises bancaires, syndicats agricoles, etc.), prédominant vis-à-vis des décisions d'orientation agricole qui émanent de la préfecture.

Ainsi, j'ai pu constater que le Président de la Chambre d'Agriculture a aussi la faculté de défendre, auprès des autorités légales en place, l'intérêt agricole et rural ainsi

---

[41] La CDOA est une commission consultative, qui donne un avis sur les dossiers présentés par la DDT. Elle vise à favoriser l'installation des jeunes agriculteurs et à conforter les exploitations agricoles dont les dimensions sont insuffisantes au regard du schéma départemental directeur des structures agricoles (SDDS).

que l'importance de sa place auprès des élus et leurs administrations. Mais surtout, la Chambre d'Agriculture joue un rôle de médiateur. Elle est force de proposition face aux pouvoirs publics.

Les chambres de commerce et d'industrie sont des établissements publics, composés d'élus qui sont des directeurs d'entreprises. Elles sont sous la tutelle de l'État Français, et, tout comme les Chambres d'Agriculture, ont un rôle de représentation des secteurs du commerce, de l'industrie et des services auprès des services publics. Ces chambres ont pour but de valoriser le développement économique et l'attractivité des territoires ruraux. Elles sont sources d'appui pour les entreprises qui ont un impact fort sur le développement économique, l'attractivité et l'aménagement des territoires ruraux.

Elles ont en conséquence des missions de service public et d'intérêt général, très importantes pour les territoires ruraux.

Elles sont garantes de missions de conseil et d'appui auprès des créateurs, des entreprises, des repreneurs d'entreprises pour le développement international des entreprises en partenariat.

Les Chambres de Commerce ont aussi des missions en faveur de la formation professionnelle initiale ou continue, de la création et de gestion d'équipements portuaires et aéroportuaires, d'expertise, de consultation, ou d'étude pour les pouvoirs publics. Ces chambres ont donc un rôle aussi de promotion de l'activité touristique dans les territoires ruraux. Elles cherchent à valoriser les territoires ruraux auprès de potentiels investisseurs commerciaux et des collectivités territoriales. Elles aident au maintien des services de proximité (poste, brasseries de campagne, épiceries), particulièrement menacés dans les territoires ruraux.

Par exemple, la Chambre de commerce et d'industrie de la région Provence-Alpes-Cote d' Azur a oeuvré pour la création d'une charte de confiance pour les professionnels du tourisme (hôtels, campings, restaurants, etc.), ce qui représente près de 400 000 embauches en 2012.

Cette charte a pour objectif d'accompagner ces derniers dans la gestion du personnel, et d'innovations technologiques principalement.

C'est un engagement volontaire et gratuit, permettant de bénéficier d'un intranet regroupant des informations utiles (liste des adhérents, veille et alerte juridique, contacts utiles, partage et échange de documents, etc.). La CCI prouve, par des actions de ce type, son réel impact sur le développement durable de nos espaces ruraux.

Cette chambre a ainsi l'objectif d'accompagner la ruralité dans leurs innovations pour le développement durable et d'encourager le développement économique face aux entreprises actuelles ou futures en ayant un rôle important dans la mise en place de dispositifs de développement (Zones de Revitalisation Rurale). Elle est également signataire de conventions en faveur de la valorisation rurale (Parcs Naturels Régionaux). Les CCAS sont des organismes publics communaux qui interviennent notamment pour l'aide sociale et l'animation des activités sociales. Ils collaborent avec des institutions publiques et privées. Le rôle d'un CCAS est l'accompagnement et l'aide aux personnes victimes de difficultés (personnes handicapées, les familles en difficulté ou les personnes âgées. etc.). Il doit s'investir dans des programmes sociaux et se projette dans les demandes d'aide sociale. Il s'occupe également, au sein des communes, du secours d'urgence aux personnes, de distribuer des colis alimentaires quand les personnes en ont la nécessité et d'accompagner financièrement les foyers en grande difficulté. Dans le contexte actuel, ces institutions locales sont aujourd'hui devenues une priorité puisque c'est d'abord au sein des communes des régions rurales défavorisées que la fracture territoriale devra être résorbée. Ces institutions sont parties prenantes du développement interne de notre ruralité et leur positionnement devra être encore plus déterminant dans le futur. A Domart-en-Ponthieu, dans mon village, le CCAS propose un soutien financier aux familles en difficulté (en fonction des ressources des demandeurs) afin de permettre à leurs enfants de participer à chaque voyage coûteux de l'école primaire (classe de neige par exemple).

Il paye tout ou partie du montant du voyage. La France ne doit pas être un pays où le tout social prédomine mais une France de solidarité : nous devons donner une chance identique de réussir à chaque enfant. Grâce au CCAS, tous ont les mêmes chances de profiter des sorties pédagogiques de leur établissement scolaire.

Cet organisme autonome est pleinement local et exerce exclusivement sur la commune.

Le maire en est le Président, il doit nommer les membres des conseillers municipaux et des personnes qualifiées quant à l'action sociale (représentants d'associations familiales, de maison de retraite, etc.).

Le CCAS doit décider des mesures contre la pauvreté dans le territoire communal. C'est un outil de pilotage devenu indispensable pour la gestion des équipements et services : maison de retraite, centres sociaux, crèches, haltes-garderie, centres aérés, le soutien technique et financier à des actions sociales (colis de Noel), l'accompagnement dans les demandes d'aides sociales (Aide Médicale d'État (AME), Revenu de Solidarité Active (RSA), aide aux personnes âgées, etc.) en partenariat avec les conseils départementaux, de la Préfecture et de la sécurité sociale, le secours d'urgence, prêts sans intérêt, colis alimentaires et des chèques d'accompagnement personnalisé. Lorsqu'il existe un regroupement de communes, au sein d'un Établissement Public de Coopération Intercommunale (EPCI), on parle alors de Centre Intercommunal d'Action Sociale (CIAS).

# Chapitre 12 :
# Des lois
# changeantes

Nos territoires ne se développeront pas sans une implication extrême de nos élus ! Beaucoup de textes juridiques et de lois ont été mis en place pour favoriser l'impact économique et social de l'ensemble de nos territoires. Bon nombre sont écrits mais ne sont jamais mis en place, c'est un mal français récurrent ! Les lois de décentralisation de l'activité publique territoriale amènent à la décentralisation des compétences de l'État vers les collectivités territoriales.

Les premières lois de décentralisation remontent au 10 août 1871[42]. Elles ont organisé l'administration du département et créé le Conseil Général. La loi du 5 avril 1884[43] a déterminé le régime d'administration communale avec deux autorités : le maire et le conseil municipal. Auparavant, c'était le Préfet qui avait en charge le pouvoir exécutif.

---

[42] Loi du 10 août 1871 relative aux conseils généraux / Abrogé par Loi n°96-142 du 21 février 1996 - art 12 (V) JORF 24 février 1996

[43] Loi du 5 avril 1884 relative à l'organisation municipale / JORF du 6 avril 1884 page 1557

Avant la loi DEFERRE[44], en référence au Ministre de l'intérieur de l'époque, la décentralisation n'était pas spécialement réelle.

La première loi a été votée le 2 mars 1982[45] et était relative aux nouveaux droits et libertés des communes, des départements et des régions. Par cette loi, le pouvoir exécutif est transféré aux Présidents de Conseil Départemental et Régional, et transforme ainsi, de fait et en droit, les régions en collectivités territoriales. La décentralisation transfère également les compétences en matière d'urbanisme, d'action sociale, de formation professionnelle et gestion des collèges et lycées aux collectivités territoriales avec les lois du 7 janvier

---

[44] Loi n° 83-8 du 7 janvier 1983 relative à la répartition de compétences entre les communes, les départements, les régions et l'Etat . abrogé par loi n°96-142 du 21 février 1996 - art. 12 (V) JORF 24 février 1996

[45] Loi n° 82-214 du 2 mars 1982 relative aux droits et libertés des communes, des départements et des régions/ modifié par Loi n°96-142 du 21 Fevrier 1996-art 12 (V) JORF 24 février 1996

1983[46] et du 22 juillet 1983[47]. La loi du 6 février 1992[48] a procédé à quelques modifications des lois initiales avec, par exemple, l'apparition des premières formes de démocratie locale (consultation des électeurs locaux) ou par une relance de la politique de coopération intercommunale (création des communautés de communes).[49] La loi du 12 juillet 1999[50] a permis d'approfondir ses principes en développant les formes d'intercommunalité, notamment en créant les Communautés d'agglomération.

---

[46] Loi n° 83-8 du 7 janvier 1983 relative à la répartition de compétences entre les communes, les départements, les régions et l'Etat .* Loi DEFFERRE*

[47] Loi n° 83-663 du 22 juillet 1983 complétant la loi n°83-8 du 7 janvier 1983 relative à la répartition de compétences entre les communes, les départements, les régions et l'Etat .

[48] Loi n° 92-125 du 6 février 1992 relative à l'administration territoriale de la République

[49] Loi n°83-630 du 12 juillet 1983 relative à la démocratisation des enquêtes publiques et à la protection de l'environnement

[50] Loi n° 99-586 du 12 juillet 1999, relative au renforcement et à la simplification de la coopération intercommunale

Enfin, le 27 janvier 2014[51], il a été permis de moderniser l'action publique territoriale et de donner ainsi un rôle plus important aux communes. Ces dernières peuvent fixer les modalités de l'action commune des collectivités territoriales que sont les Conseils Régionaux et Départementaux et de leurs établissements publics : l'exercice des compétences relatives à la mobilité durable, à l'organisation des services publics de proximité, à l'aménagement de l'espace et au développement local. Le principe de la décentralisation des compétences de l'Etat en faveur des collectivités locales est un facteur fort pour lutter contre la fracture territoriale. Ces dernières ont le meilleur positionnement pour répondre aux différents enjeux qui se présentent aux territoires ruraux. La décentralisation participe à la consultation avec les services de développement et de concertation en zone rurale de manière concrète et réaliste, loin des directives insufflées de la capitale.

Les communes sont administrées par des citoyens inscrits sur les listes électorales et élus lors d'élections municipales. Elles sont l'administration de proximité par excellence. Avec les modifications des premières

---

[51] Loi n° 2014-58 du 27 janvier 2014 de modernisation de l'action publique territoriale et d'affirmation des métropole,

lois de décentralisation territoriale du 10 août 1871 et du 5 avril 1884, l'autonomie de décision des municipalités a permis la liberté de conception et l'autonomie décisionnelle en matière d'élaboration des documents réglementaires d'urbanisme (Plans Locaux d'Urbanisme (PLU)[52], Zones d'Aménagement Concertées (ZAC)[53].

Les municipalités sont toutefois soumises à l'obligation de concertation et, dans le respect des prescriptions nationales d'urbanisme, doivent respecter le principe de l'indivisibilité du territoire inscrit à l'article Premier de notre Constitution du 4 octobre 1958.

Les maires reçoivent la compétence, fixée par la loi du 7 janvier 1983, de donner leur avis en matière d'autorisations individuelles d'urbanisme, dont les permis de construire. La commune a également la charge de l'accès à la culture via la création et l'entretien des bibliothèques, musées, écoles de musique

---

[52] Le PLU est le principal document d'urbanisme de planification de l'urbanisme au niveau communal ou intercommunal. Il remplace le plan d'occupation des sols (POS).

[53] Une ZAC est, une opération publique d'aménagement de l'espace urbain en vertu du code de l'urbanisme et instituée par la loi d'orientation foncière, se substituer aux zones à urbaniser en priorité (ZUP).

et salles de spectacle. Les municipalités doivent aussi s'occuper de l'organisation des manifestations culturelles. Le sport est une compétence de la municipalité puisqu'elle doit gérer la création d'éventuels équipements sportifs, parfois dans le cadre de l'inter-communalité dont elle dépend. Les municipalités subventionnent les clubs proposant des activités sportives (clubs sportifs professionnels).

Les compétences transférées par l'Etat auprès des collectivités territoriales participent activement au développement des infrastructures rurales. Elles tentent dès lors de résorber la fracture territoriale. L'EPCI regroupe des communes ayant fait le choix de coopérer et travailler en commun par exemple, pour les transports en commun, ou l'aménagement du territoire.

Le développement des EPCI s'est amplifié à la suite de la loi Chevènement du 12 Juillet 1999 : on trouve des EPCI à fiscalité propre et des EPCI sans fiscalité propre.[54]

## Les communautés de communes

Leur représentativité au sein du conseil communautaire diffère entre une structure intercommunale de plusieurs centaines ou quelques milliers d'habitants jusqu'à plusieurs dizaines de milliers.

Elles ont pour vocation d'associer des communes en vue de la mise en place d'un projet commun de développement. Les Communautés de commune ont un rôle de gestion de l'espace rural peu urbanisé.

Elles regroupent les communes afin de développer des

---

[54] - **Les EPCI sans fiscalité propre :**
Ils sont principalement financés sous forme de cotisation par les communes adhérentes à l'EPCI. Leurs ressources proviennent essentiellement des cotisations versées par les communes. Ils ne disposent pas d'autonomie fiscale et ne sont donc pas en mesure de voter des impôts. Ils regroupent ainsi différents syndicats (Syndicat intercommunal de ramassage et de traitement des ordures ménagères, Syndicat intercommunal d'alimentation en eau potable…

**- Les EPCI à fiscalité propre :**
Ce sont des institutions intercommunales qui ont la faculté de prélever des impôts locaux. Ils ont donc la possibilité de voter à leur guise un taux d'imposition. Les catégories d'EPCI à fiscalité propre sont les communautés de communes, les communautés d'agglomérations, les communautés urbaines, les métropoles.

compétences nouvelles et d'avoir ainsi un poids plus important tant financièrement que structurellement. C'est l'organisme qui prendra la responsabilité de la création de projets intercommunaux (ex : Regroupement Pédagogique Concentré (RPC)). Les Syndicats Intercommunaux à Vocation Unique (SIVU)[55] ou les Syndicats Intercommunaux à VOcations Multiples (SIVOM)[56] ont, par exemple, la gestion des équipements ou des infrastructures, souvent de réseaux (gaz, électricité, eau ou déchets). La création de communautés de municipalités, (qui reste à inventer), pourrait, à l'instar des communautés de communes, donner plus de poids à l'ensemble des villages de la communauté rurale. Je crois aux regroupements communaux, en une nouvelle loi NOTRe faite sur mesure. Il est inconcevable, au moment où il y a une

---

[55] Le SIVU est un établissement public de coopération intercommunale. Un SIVU ne dispose que d'une compétence, fixée dans ses statuts. C'est la plus ancienne structure intercommunale (créée par la loi du 22 mars 1890).

[56] Le SIVOM est un établissement public de coopération intercommunale français. Il exerce des responsabilités variées qui lui ont été transférées par les différentes communes qui participent au pilotage du syndicat. Il a tendance aujourd'hui à être remplacé par la communauté de communes dans de nombreux cantons parce que cette structure bénéficie d'un statut juridique plus complet et des possibilités de compétences étendues.

restructuration budgétaire que des villages comme Épécamps ne compte qu'environ 10 habitants. Les regroupements sont indispensables aux développements de nos territoires ruraux. En faisant des économies d'échelles, nous sommes plus à même d'investir dans des projets favorables à la ruralité. Il est néanmoins essentiel de mener cette réorganisation de manière censée et réfléchie. Le principe serait de constituer un seul conseil municipal pour la communauté municipale, et aurait donc l'avantage d'inciter les villages voisins à développer le territoire. Il n'existerait plus qu'un seul budget. Les impôts locaux seraient regroupés sur une seule institution ce qui permettraient aux petites communes d'effectuer des investissements plus importants.

Les Conseils Régionaux et Départementaux ont pour vocation la cohésion sociale et le développement économique de nos régions et départements. Les conseillers généraux (conseillers départementaux depuis la loi du 17 mai 2013 et l'élections de mars 2015) sont élus pour 6 ans. Avec la modification législative, il a été effectué un regroupement des circonscriptions de vote (les cantons).[57] Le Conseil Départemental est une institution qui a plusieurs rôles et a principalement une action sur les domaines suivants :

<u>L'enfance</u> : particulièrement important dans nos territoires ruraux. Il a un rôle de protection maternelle et infantile ; il est chargé de la gestion des adoptions du département et, de par une attribution sociale, il a une compétence de soutien aux familles en difficulté financière.

<u>Les personnes handicapées</u> : politiques d'hébergement et d'insertion sociale, prestation de compensation du handicap (loi du 11 février 2005).[58]

<u>Les personnes âgées</u> : création et gestion de maisons de retraite, politique de maintien des personnes âgées à domicile (Allocation Personnalisée d'Autonomie (APA)).

---

[57] Cette élection a lieu au scrutin majoritaire avec des listes binominales destiné à promouvoir la parité: chaque nouveau canton est représenté par deux conseillers départementaux, un homme et une femme, élus en binôme.

[58] JORF n°36 du 12 février 2005 / pour l'égalité des droits et des chances, la participation et la citoyenneté des personnes

Les prestations légales d'aide sociale : La gestion du RSA ; la contribution à la résorption de la précarité énergétique.

L'éducation : Il doit gérer la construction, l'entretien et l'équipement des collèges ainsi que la gestion des agents Techniciens, Ouvriers et de Service (TOS) par la loi du 13 août 2004.[59]

L'aspect culturel : Il est également en charge de la création et la gestion des bibliothèques départementales, des services d'archives départementales, des musées et de la protection du patrimoine.

L'aménagement : Il a la compétence de la charge de l'équipement rural, des remembrements agricoles et donc de l'aménagement foncier. Il a un rôle aussi de gestion de l'eau et de la voirie rurale (soit toutes les routes n'entrant pas dans le domaine public national : loi du 13 août 2004), des ports maritimes de pêche, des transports routiers non urbains des personnes.

---

[59] Loi n° 2004-809 du 13 août 2004 relative aux libertés et responsabilités locales

Dans la Somme, le Conseil Départemental propose « l'Allocation Départementale de Scolarité » à destination des collégiens de 4ème et 3ème en enseignement technique et agricole dont les parents sont domiciliés dans le Somme. C'est une aide au développement, en faveur en particulier aux enfants des territoires ruraux. Elle concerne 30 % des collégiens de la Somme et coûte annuellement 1 million d'euros.

La loi du 27 janvier 2014[60] désigne le département comme « chef de file » en matière d'aide sociale, d'autonomie des personnes et de solidarité des territoires. Le coût financier de ses interventions représente plus de la moitié de son budget de fonctionnement.

Cette même loi du 27 janvier 2014 prévoit que le département prenne à sa charge l'aspect opérationnel et l'élaboration des actions relevant du Fonds Social Européen (FSE).

---

[60] Loi n° 2014-58 du 27 janvier 2014 de modernisation de l'action publique territoriale et d'affirmation des métropoles (1)

Jusqu'à maintenant, le département peut intervenir pour accorder des aides au développement économique, si et seulement si, la Région le décide.

Cette liste de compétences est susceptible d'évoluer en fonction de l'adoption de textes actuellement en discussion au parlement (loi NOTRe[61] portant nouvelle organisation territoriale de la République).

Le Conseil Départemental de la Somme propose le plan « Trans'80 » qui est un réseau de 57 lignes desservant 600 communes du Département et les grands axes des départements limitrophes. L'action du Conseil Départemental est ici de faciliter les déplacements des habitants samariens.

Le Conseil Régional des Hauts de France propose un soutien financier aux ligues de Football, aux actions éducatives (parcours et stages de découvertes), mais aussi assure un soutien financier aux manifestations sportives régionales et aux associations exemplaires.

Ces aides et soutiens visent à renforcer concrètement la cohésion de la population des territoires ruraux pour en favoriser leur développement. C'est une collectivité

---

[61] www.senat.fr

territoriale dont la région a la compétence propre (Lycées, environnement, transport, formation professionnelle et aide économique aux entreprises en difficulté). Depuis la loi du 2 mars 1986[62], suite au transfert de compétences de l'État vers les régions, la Région devient une collectivité territoriale. Elle a un rôle de consultation vis-à-vis de l'aménagement et du développement et est composée de conseillers régionaux chargés d'élire le Président du Conseil Régional qui a le pouvoir exécutif.

---

[62] Décret n°86-322 du 6 mars 1986 portant répartition de la dotation globale d'équipement des départements pour l'année 1986.

# Chapitre 13 :
# Des fractures diverses

## L'accès à la culture

Prenons l'exemple de l'industrie textile dans le bassin de la vallée de la Nièvre dans la Somme où dans les années 1910, l'entreprise Saint-Frères était fortement développée et pourvoyeuse d'emplois. La délocalisation industrielle, la mondialisation et le contexte économique ont amené celle-ci à diminuer son activité à sa plus simple expression. La vallée de la Nièvre est aujourd'hui un territoire sinistré, le taux de chômage y est extrêmement élevé, puisqu'il est de 18,7 % soit 7,9 % de plus que le taux national moyen.[63] De plus, il y a actuellement de multiples sites industriels à l'abandon.

Il serait intelligent d'impulser une dynamique économique nouvelle en utilisant l'historique du secteur, en créant par exemple un musée dans les infrastructures vides. Ce serait une opportunité de développement puisque ceci aurait pour effet de lancer une économie touristique, de créer de l'emploi pour la rénovation, la modification et l'aménagement des infrastructures.

---

[63] http://www.journaldunet.com/ville/saint-ouen/emplois et chômage/Taux de chômage à Saint-Ouen

Ces projets d'innovation sociale constituent une nouvelle approche économique qui améliorerait la coopération entre les différents acteurs du territoire (associations, PME, coopératives, collectivités locales, institutions publiques et les citoyens). Cela aurait aussi un impact sur l'insertion sociale des personnes défavorisées (ex: personnes handicapées, personnes dans la précarité, etc.). Cette initiative permettrait de proposer des emplois durables et de divers niveaux de qualification (ingénieurs, chef de travaux, employées de ménage, historiens, employés de caisse) et instaurerait la possible création d'infrastructures touristiques (hôtels, restaurants, etc.) bénéfiques au développement économique de la zone rurale en question.

## L'ancienneté de la voirie

Il existe différents types de voirie en France, et l'on en recense principalement 6 grands types : les chemins privés, les voies communales, les routes départementales, les routes nationales, les autoroutes gratuites (autoroute non concédées), les autoroutes payantes (autoroutes concédées).

Force est de constater que le territoire rural ne bénéficie pas des mêmes infrastructures routières et ferroviaires que l'espace urbain. Si nous prenons l'exemple du département de l'Aisne, on constate même que l'état des routes est relativement désastreux. C'est une des raisons qui creuse la fracture territoriale des campagnes vis-à-vis des territoires urbains.

Un exemple de la fracture territoriale : il faut désormais, en ligne grande vitesse, moins de trois heures pour faire Paris-Lyon, alors que pour la ligne Amiens-Paris, il en faut un peu plus d'une et dans des conditions d'usage ferroviaire précaires. Les gouvernements successifs ont plutôt favorisé les grandes métropoles plutôt que de chercher à désenclaver le territoire rural. De plus, en mai 2015, il a été question de supprimer certaines lignes de train TER à destination de villes rurales. Même s'il s'agit d'une solution pour faire des économies en un temps de coupes budgétaires, cela risque de pénaliser une nouvelle fois les territoires défavorisés.

Le barreau Roissy-Creil-Amiens est toujours au stade de négociation. C'est une preuve supplémentaire de l'oubli de la ruralité par nos politiques.

Ils préfèrent en effet retarder ce projet (qui ne nécessiterait que 6 kilomètres de jonction entre la ligne Paris-Lille et Creil) et privilégier le projet Roissy Express permettant un accès plus rapide à la capitale. Nos politiques oublient-ils que les villes de provinces sont touchées plus durement par le chômage ?

Oublient-ils que cela permettrait le développement de bassins importants d'emplois ? Savez-vous qu'il est plus simple de demander des permis de construire en zone périurbaine qu'à la campagne ? Pourquoi me direz vous ? Tout simplement car nos politiques préfèrent privilégier les zones urbaines afin de rapprocher les habitations des bureaux.

## Une désertification médicale alarmante

On constate qu'actuellement certaines spécialités médicales sont menacées, et principalement dans les territoires ruraux. Les délais pour avoir un rendez-vous dans certaines spécialisations médicales peuvent prendre des proportions particulièrement importantes, comme l'a souligné la dernière étude de mai 2015 du Ministère de la santé. « La France commence à manquer de gynécologues, de pédiatres, de psychiatres et d'anesthésistes ».[64] Les disparités médicales s'expliquent par deux différentes raisons : d'abord, pour une raison géographique puisque certaines régions de France sont dépourvues de médecins mais également d'habitants.

Dans le deuxième territoire le plus peuplé de France, c'est-à-dire le Nord, on constate 300-350 médecins pour 100 000 habitants, alors que dans les campagnes les plus profondes, il y en a beaucoup moins (entre 172 et 220 praticiens pour 100 000 habitants dans en Mayenne par exemple contre, pour les Bouches du Rhône (13) et Paris intramuros (75), entre 450 et 841 pour 100 000 habitants). D'autres départements comme l'Eure et Loire (28) ou de l'Ain (01) sont en manque critique de professionnels de la santé (on compte entre 172 et 220 médecins pour 100 000 habitants). Ce déséquilibre véritable pose un réel problème pour l'accès aux soins pour les administrés des campagnes.

Les médecins généralistes privilégient de plus en plus les villes sans doute pour la qualité et le niveau de vie. Les jeunes médecins ont beaucoup de mal à accepter de s'installer à la campagne.

---

[64] http://www.onisep.fr

L'attractivité plus ou moins forte de la spécialisation médicale des médecins entre en compte. Cependant, le nombre de généralistes décroît et ce facteur est dû principalement à trois phénomènes :

• Le non remplacement des médecins qui partent en retraite,
• L'augmentation de la population dans la ruralité par le retour de citadins,
• La fermeture de structures médicales de petites tailles (risque qualité).[65]

Il y a trente ans, la France comptait beaucoup moins de médecins (environ 112 000 en 1979). Aujourd'hui nous en avons presque le double.[66]

Le nombre de médecins par habitant évolue selon les mêmes taux (en 1979, nous avions 207 médecins pour 100 000 habitants, alors qu'en 2013 ce chiffre s'élève à 333 médecins pour 100 000 habitants).[67]

---

[65] http://tempsreel.nouvelobs.com/sante

[66] http://geoconfluences.ens-lyon.fr/doc/transv/sante/SanteDoc4.html/paragraphe2/Lademographiemédicale française:desdisparitésterritoriales

[67] http://www.statistiques-mondiales.com/ue_medecins.htm/ tableaunombredemédecinspour1000habitantsdansl'Union Européenne

Malgré ces chiffres positifs, force est de constater qu'il est de plus en plus difficile d'en trouver dans la ruralité. La répartition de ces derniers pose problème. Il y a trop de médecins dans l'espace urbain mais trop peu dans les territoires ruraux.

Comme nous avons pu le voir, le nombre de médecins en France est suffisant mais il existe d'importants déséquilibres en matière de répartition des praticiens. Il serait intéressant de favoriser le retour des médecins, qu'ils soient généralistes, spécialisés en gynécologie, en ophtalmologie ou encore en endocrinologie. L'attractivité professionnelle des territoires démunis ne passera pas sans décisions impératives de nos politiques et un investissement massif dans ces dits territoires.

Il faudra instaurer des mesures en faveur des territoires comme des subventions de l'état mais également de l'Union Européenne pour favoriser la création de cabinet médical dans les zones rurales. Le cabinet devra être installé dans une région dite sinistrée, les professionnels de la santé devront s'engager à rester dans ces territoires pour une durée assez longue (par exemple dix années). Une loi pourrait être proposée pour les jeunes diplômés de médecine (même si une telle mesure semble être difficilement applicable). Il pourrait être judicieux, peut être, de rendre obligatoire le fait d'exercer durant une période de 36 mois minimum (à l'instar de l'ancien service militaire) dans les secteurs où il existe une pénurie de médecins, pour valider de façon définitive son diplôme.

L'avantage de l'instauration d'une telle mesure serait de permettre une meilleure répartition des médecins sur l'espace français et d'instaurer une réelle égalité d'accès, que ce soit au niveau de la disponibilité des professionnels ou au temps qui sépare les habitants de leurs cabinets.

Les maisons de santé peuvent être un plus pour la ruralité. Mais je regrette qu'elles n'impliquent pas assez les spécialistes médicaux de nos territoires sur ces derniers. C'est au terme d'une discussion fort intéressante avec un ami médecin généraliste, le docteur Didier Leblanc, exerçant au cabinet médical de Saint-Ouen que j'ai ouvert les yeux sur ce sujet. Il faut redonner confiance aux médecins !

Pourquoi ne pas demander un investissement financier à chaque médecin, peu importe le territoire sur lequel il exerce ?

Je pense que c'est une proposition à envisager pour éviter la fuite des médecins vers d'autres contrés. Ce serait une manière de les impliquer géographiquement et dans la durée! Après tout, les entreprises privées doivent bien investir pour voir leur entreprise pérenniser ? Cette mesure serait une marche en avant dans la lutte contre la fracture territoriale. Elle serait un moyen simple, si on la couple avec d'autres propositions évoquées précédemment, de mieux harmoniser le nombre de médecin sur le territoire national.

## L'inégalité d'accès aux technologies

L'humanité a connu, depuis des millénaires, que peu de révolutions industrielles : la première est très ancienne, on parle de la découverte des outils à la préhistoire, les Hommes utilisent alors la nature comme outil de production (domestication des animaux pour se nourrir (viande, tirer les charrues) et se vêtir, etc.). La révolution industrielle est la seconde révolution. Ici, l'Homme améliore ses outils.

Il crée le moteur à explosion, et c'est d'abord une révolution énergétique qui lui apprend à dominer l'énergie. Puis les productions augmentent, et apparaît la société de consommation actuelle qui a débuté au 20ème siècle aux USA. Enfin, la troisième, nous est plus contemporaine, et nous sommes en train de la vivre : la révolution numérique. La ruralité jouit d'une activité économique importante grâce à son attractivité touristique et son agriculture créatrice de richesse et de potentiels emplois. Elle est cependant victime de différentes fractures de nature sociales, économiques, culturelles et informatiques, que différents organismes cités tentent de résorber.

# Chapitre 14 :

# Des politiques

# novatrices

Le Programme de Développement Rural Hexagonal couvre l'ensemble du territoire métropolitain hors Corse. Il se compose d'un socle commun de mesures applicables dans l'ensemble des 22 régions métropolitaines (13 depuis la loi du 16 janvier 2015) et de volets régionaux spécifiques dont la programmation est confiée aux Préfets de région.

Ce programme a également pour objectif d'accorder des mesures permettant aux territoires en difficulté de bénéficier d'indemnités de compensation vis-à-vis des contraintes naturelles, pour favoriser l'installation des jeunes en agriculture (dotation jeunes agriculteurs et les prêts moyens termes JA (prêts bonifiés) et de proposer une aide au reboisement des forêts après les tempêtes (plan Chablis), etc.).

Ce programme présente aussi des dispositifs environnementaux en subventionnant les agriculteurs souhaitant des plans en faveur de l'environnement comme les mesures agro-environnementales :

• la prime herbagère agro-environnementale,
• la Mesure Agro-Environnementale (MAE) en faveur de la diversification des cultures dans l'assolement (MAE rotationnelle).

Au sein des volets régionaux destinés à répondre aux enjeux locaux sont programmés les dispositifs suivants :

• des aides liées aux mesures de développement économique et favorisant celui-ci : Il s'agit de mesures en lien avec la formation et le soutien au transfert de connaissances ainsi que des mesures de restructuration et de modernisation des Industries Agro-Alimentaires (IAA) (industries du bois, infrastructures agricoles, qualité et promotion des produits).

• des aides visant à préserver l'État des ressources naturelles sur des zones choisies par des enjeux ciblés prioritaires : des mesures agro-environnementales, soutien à l'agriculture biologique, prévention des incendies en forêts, etc.

Ces aides ont pour objectif de maintenir une activité économique efficace et cherche à améliorer l'attractivité des territoires ruraux en y valorisant le patrimoine.

Je pense que ces aides sont indispensables pour maintenir un niveau de formation intéressant notamment en territoires ruraux, puisque ce sont des corps de métiers où l'aspect technique est très développé.

Dans les zones rurales, pour rester compétitif, il faut que nos professionnels soient régulièrement formés aux modernisations de leur profession. Cependant, il me semble que les aides en faveur de la protection des ressources naturelles ne sont pas encore réellement performantes. Les mesures en faveur de l'environnement ne doivent plus être une contrainte pour les agriculteurs (amendes au niveau des indemnités de Politiques Agricoles Communes (PAC)), mais devraient plutôt prendre la forme de mesures incitatives (dans la mesure du raisonnable).

## Les Zones de Revitalisation Rurale : véritables pôles d'excellence rurale ?

Parmi les différentes mesures en faveur du développement des territoires ruraux, il existe les Zones de Revitalisation Rurale (ZRR). Elles ont vu le jour suite à la ratification de la Loi d'Orientation pour l'Aménagement et le Développement du Territoire du 5 Février 1995 (loi LOADT).[68]

---

[68] JORF n°148 du 29 juin 1999 page 9515 texte n° 2 loi no 99-533 du 25 juin 1999 d'orientation pour l'aménagement et le développement durable du territoire et portant modification de la loi no 95-115 du 4 février 1995 d'orientation pour l'aménagement et le développement du territoire

Les ZRR sont nombreuses en France et comprennent plus ou moins la géographie territoriale représentant les espaces ruraux les plus défavorisés.[69] Elles ont été créées par l'Etat pour permettre de diminuer les inégalités de développement au sein de l'hexagone.

Les ZRR permettent ainsi le développement économique des territoires ruraux par l'application d'une aide financière, fiscale et de bénéficier d'exonération en luttant contre la fracture territoriale. Prenons la commune de Bernaville qui est en ZRR, cette dernière, ayant bénéficié d'exonérations d'impôts, a vu en incidence l'arrivée d'une usine (SFG). C'est un outil intelligent qui vise à zoner les territoires pour favoriser les zones les plus défavorisées.

Il permet d'organiser et de proposer un régime fiscal différent à destination des entreprises susceptibles de développer économiquement les territoires ruraux.

---

[69] www.datar.gouv.fr/zones-de-revitalisation-rurale-2010Accueil› Enseignants › Zones de revitalisation rurale (2010)

### Les Assises de la Ruralité

Les Assises de la Ruralité font suite à une volonté du gouvernement français d'appliquer une politique novatrice au profit des territoires ruraux. Par les Assises de la Ruralité, les responsables politiques tentent de réunir un maximum de moyens pour développer les territoires ruraux. Elles ont eu lieu du 1 octobre au 30 novembre 2014 et ont été organisées par Mme Cécile Duflot, alors ministre du Logement, de l'Egalité des territoires et de la Ruralité.[70] Ces Assises de la ruralité ont eu pour objectif de permettre d'établir un dialogue direct entre les acteurs de terrain, les représentations d'associations locales, les élus locaux et le gouvernement.

Les Assises de la Ruralité ont permis de mettre en place onze mesures permettant de résorber une fracture encore très présente :

- <u>Un plan de financement pour faciliter la disparition des « zones blanches » de réseau de téléphonie mobile</u>
  Le gouvernement a promis qu'à l'aube de 2022, les zones blanches en terme de réseaux disparaîtraient.

---

[70] http://www.gouvernement.fr/conseil-des-ministres

Il a créé un plan de généralisation de la connexion haut débit, l'objectif étant de financer un développement numérique pour une réalisation à court terme. Il est vital que cette mesure soit respectée afin de résorber la fracture numérique territoriale.

Prenons l'exemple de Nevoy, non loin d' Orléans qui a fait l'objet d'un reportage du Journal télévisé de France 2 et qui tend à démontrer[71] les difficultés rencontrées par les habitants, notamment par l'illustration du problème de Jérémy Duval dans sa recherche d'emploi.

- Soutien à la création de maison médicale : C'est aussi un outil de lutte contre la désertification avec le soutien financier à la construction de « maisons de santé » où il serait possible de rencontrer différents spécialistes (généralistes, podologues, kinésithérapeutes, dentistes, etc.)

- Création de partenariats avec des entreprises de services : Grâce à cette mesure, les différents services de proximité comme celui de La Poste travailleraient en partenariat avec des entreprises de services afin de remettre l'humain au centre des préoccupations.

---

[71] http://www.francetvinfo.fr/nevoy-un-exemple-de-zone-blanche-internet 271433 diffusé 28/02/2013/ JT France2

Ceci permettrait d'avoir une garantie financière permettant de garder la proximité de ces institutions.

- <u>Un meilleur accompagnement pour l'éducation</u> : L'objectif serait de généraliser une politique de maintien de postes d'enseignants sous la forme de contrat avec à la clé une solution d'accompagnement en lien avec la refonte de l'école.

- <u>Un soutien plus important aux collectivités locales</u> : Cette mesure passe par une rallonge de dotations aux différentes collectivités de 200 millions d'euros pour permettre une application des projets d'investissements locaux et un projet de rééquilibrage des dotations versées aux collectivités rurales.

- <u>Création de cinq pôles d'excellence touristiques</u> : Le gouvernement souhaite favoriser le tourisme, en particulier l'oenotourisme, le tourisme de montagne, le tourisme durable (appelé *slow tourisme*) afin de développer une économie propre aux territoires en difficulté pour les rendre plus autonomes financièrement. Cette mesure a aussi pour objectif de favoriser les savoir-faire et métiers d'arts locaux.

- <u>Incitation des agriculteurs à développer des projets collectifs</u> : Cette mesure cherche à inciter les agriculteurs à développer des projets collectifs territoriaux afin d'améliorer l'économie locale grâce aux productions du terroir.

L'objectif est d'atteindre un taux équivalent d'environ 40 % de produits locaux de qualité dans les restaurations collectives des différentes instances publiques de proximité (restaurants d'entreprise, cantines scolaires, etc.). Il est également question pour le gouvernement de travailler sur les transports afin d'améliorer la communication et les flux des citoyens vers les zones d'activités.

C'est un point sur lequel il est important de consacrer ses efforts pour lutter contre l'enclavement des territoires ruraux. Il y a quelques mois, le gouvernement a annoncé le maintien des Conseils Départementaux[72] qui devaient disparaître en 2020, une manière supplémentaire d'être proche de tous les territoires. Ces différentes mesures ont vocation à garantir le maintien du développement durable des espaces ruraux et de limiter la fracture territoriale.

_____

[72] http://www.la-croix.com/Zones-rurales-Valls-confirme-le-maintien-des-conseilsgeneraux- 2014-08-29-1198483 / article « Zones rurales, Valls confirme le maintien des conseils généraux »/ le 29/8/14

L'objectif de ces réformes est ainsi de rendre acceptable l'avenir économique et social dans la ruralité.

## Un service publique qui perd du terrain

Comment pouvons nous espérer voir une évolution, un développement de nos territoire ruraux quand on constate que l'État délaisse nos territoires et les services publics dans les territoires ruraux ? Comment pouvons nous faire vivre un village, une économie si le service postal ou l'école primaire disparaissent !

Ces services publics améliorent la vie dans les villages et créent une véritable dynamique, sur le plan social et sur le plan économique.

Un village sans centre ville, sans commerces, sans service postal, sans école est un village où la population perd l'habitude de se croiser, de discuter, de s'engager dans des associations locales. Un village sans service public, c'est un village sur le déclin. Un village sans service postal, c'est une barrière de plus pour les habitants qui sont obligés de se déplacer dans le village voisin pour déposer leur courrier, récupérer des colis, etc.

L'école est le point d'attache du village. C'est un lieu créateur d'emplois locaux (professeurs des écoles, agents d'entretien, agents de garderie, assistantes maternelles, etc.), de rencontres et d'échanges.

La perte du service public a un effet dévastateur sur l'économie des communes.

# Chapitre 15 :
# Des politiques européennes pour les espaces ruraux français

Le Fonds Européen de Développement Economique et Régional (FEDER) est un instrument financier de l'Union Européenne (UE)[73] créé en 1975. Sa mission est de financer des programmes pour favoriser le développement local et réduire les déséquilibres régionaux français et européens.

Pour la période 2007-2013, le FEDER, avec 10,1 milliards d'euros engagés,[74] représente 43,3 % du montant européen investi en France et intervient pour favoriser la compétitivité des régions, le développement de l'emploi et la coopération territoriale européenne.

Le FEDER finance les investissements des entreprises de taille moyenne pour permettre de favoriser la durabilité des emplois dans les territoires les plus démunis via des aides directes. Il favorise le financement des organismes en lien avec la recherche et l'innovation, la valorisation de l'énergie, l'environnement, la télé-communication et les transports.

---

[73] point info.pointEuropeAmiens/Picardie

[74] http://fsem2rfi.blogspot.fr/programme-2007-2013/ L'Utilisation des Fonds Structurels Européens en France et en Italie

Il finance aussi divers fonds permettant de soutenir le développement des régions et l'amélioration du lien entre les zones urbaines et les régions (fonds de capital-risque, fonds de développement local, etc.) et l'assistance technique.

Ce fonds a été créé pour essayer d'atténuer les problèmes économiques, sociaux et environnementaux dans les régions en particulier les zones les plus éloignées des métropoles. Au total, l'UE investit 23,3 milliards d'euros dans les régions françaises pour la période 2007-2013. Il s'agit incontestablement d'une aide majeure pour les territoires ruraux français.

Le Fonds Social Européen (FSE) a été créé en 1957 lors du traité de Rome, à la naissance de l'UE. Ce fut originellement un fonds permettant de gérer la migration des travailleurs.

Il cible l'ensemble des villes et des régions de l'UE et a pour but de soutenir la création d'emploi, la compétitivité des entreprises, la croissance économique avec pour objectif d'améliorer la vie des citoyens de l'Europe. La région Picardie, a disposé durant la période 2007-2013 d'une enveloppe de 130,7 millions d'euros du FSE pour la réalisation de 2 530 projets.

Le FSE travaille à l'amélioration des compétences en matière de ressources humaines dans les pays de l'UE. Ce fonds permet de travailler sur l'insertion, le chômage, la formation ou encore la restructuration des entreprises.

Il cherche actuellement à soutenir les personnes les plus en difficulté afin de leur trouver un emploi (les jeunes immigrés, personnes handicapées, personnes en fin de carrière). C'est un fonds qui n'a actuellement qu'un seul levier : le travail. C'est pourquoi il aide les entreprises et les travailleurs à s'adapter au changement ou mutation industrielle.

Il s'efforce pour ce faire de soutenir l'innovation sur le lieu de travail, l'apprentissage tout au long de la vie et la mobilité des travailleurs.

Les missions du FSE sont l'amélioration de la qualité et la productivité du travail ; la promotion de l'inclusion sociale, la réduction des disparités régionales en matière d'emploi et le renforcement de la cohésion économique et sociale en soutenant les politiques nationales qui visent à atteindre le plein-emploi.

Le cycle de programmation actuel du FSE s'étend de 2007 à 2013 ; sa devise étant : « Investir dans les personnes ». Sur cette période, le FSE a investi environ 75 milliards d'euros (près de 10 % du budget de l'UE). Les fonds structurels et d'investissement de l'UE s'inscrivent dans une perspective stratégique à long terme, en anticipant et en gérant les incidences sociales des mutations industrielles par des activités telles que l'apprentissage tout au long de la vie.

La réforme de la Politique Agricole Commune (PAC) de juin 2003 et d'avril 2004 instaure un instrument de subvention et de programmation : le Fonds Européen Agricole pour le Développement Rural (FEADER). Les décisionnaires de l'UE cherchent ainsi à accentuer son impact sur le développement des territoires les plus en retard économiquement.

Le FEADER oblige ainsi la communauté européenne à respecter les objectifs pris dans le cadre de la politique européenne de développement des territoires ruraux. Ce fonds a pour vocation d'améliorer la compétitivité du secteur agricole et forestier mais également du secteur de l'environnement et du paysage.

Il doit permettre d'augmenter la qualité de vie dans les zones rurales et doit encourager la diversification de l'économie rurale. Ce fonds est complémentaire des actions menées au niveau national, régional et local. Pour sa mise en place, chaque état membre de l'UE propose un plan stratégique national à la Commission Européenne (pour la durée de la réforme) en matière de développement rural. Ce rapport doit présenter à la fois une évaluation de la situation économique, sociale et environnementale, les possibilités de développement mais aussi la stratégie et les priorités adoptées pour l'action commune de l'UE et de l'Etat.

La Corrèze est le département rural par excellence. En plus d'une aide de 163 000 euros de la région, le FEADER a permis à « l'association Pommes du Limousin » à Pompadour, de bénéficier d'une aide de 163 000 euros afin de permettre la promotion et le développement de l'Appellation d'Origine Protégée[75] (AOP) « Pomme du Limousin ».[76]

---

[75] Ce label protège « la dénomination d'un produit dont la production, la transformation et l'élaboration doivent avoir lieu dans une aire géographique déterminée avec un savoir-faire reconnu et constaté »

[76] www.lepopulaire.fr/limousin

Le Fonds Européen d'adaptation à la Mondialisation (FEM) a pour mission d'apporter une aide financière aux citoyens de l'UE ayant été contraints de quitter leur emploi à la suite de changement de politique économique des entreprises, ou à la suite de la crise économique mondiale (fermeture d'usine due à une délocalisation hors UE par exemple).

C'est une aide importante de l'Europe pour la survie des territoires défavorisés, puisque ce fonds dispose d'un budget annuel de 150 millions d'euros pour la période 2014-2020.[77]

C'est également un fonds qui est nécessaire pour accompagner financièrement les personnes ayant perdu leur emploi ou cherchant à créer leur propre entreprise (généralement jusqu'à 60 % du projet). Cependant, il faut répondre à plusieurs règles pour pouvoir bénéficier des subventions de la FEM.

Il faut que 500 travailleurs soient licenciés par la même entreprise ou qu'un grand nombre de travailleurs soient licenciés au sein d'un secteur particulier dans une ou plusieurs régions avoisinantes.

---

[77] www.ec.europa.euFondseuropéendajustementàla mondialisation (FEM)

Il est à noter qu'un projet dure deux années. Le FEM est compétent pour cofinancer les projets et les mesures d'aide à la recherche d'emploi, d'orientation professionnelle, d'études, formation et reconversion, d' accompagnement et d'encadrement, d'entrepreneuriat et de création d'emplois.

Le FEM est simplement l'organisme qui décide des choix de financement et la réelle possibilité d'utiliser ce fond. La gestion et la mise en application des projets sont administrées par les autorités nationales et régionales des pays en question. Le FEM a l'opportunité d'octroyer des allocations de formation, des allocations de mobilité ou de réinstallation, des indemnités journalières, etc. Il ne cofinance cependant pas les mesures de protection sociale telles que les indemnités de chômage.

Les jeunes qui ne travaillent pas et ne suivent pas d'études ni de formation (la catégorie sociale des NEET)[78] dans les territoires défavorisés ont la possibilité de percevoir une aide du FEM égale à celles des travailleurs aidés de ces régions.

Il s'agit incontestablement d'une aide substantielle pour les territoires ruraux en difficulté. Ce fonds a permis d'augmenter les revenus les plus bas dans l'UE mais aussi le PIB par habitant. Selon les estimations de l'UE, il a aussi permis de créer, entre 2007 et 2012, 594 000 emplois. C'est concrètement un soutien aux entreprises grâce aux aides directes à l'investissement qu'ils reçoivent (198 000 entreprises concernées) et la création de 262 000 emplois dans les PME. Le FSE a permis à 5 millions d'individus de bénéficier d'une connexion internet haut débit.

---

[78] NEET, qui signifie Not in Education, Employment or Training en français : ni étudiant, ni employé, ni stagiaire), est une classification sociale d'une certaine catégorie de personne inactive. Elle concerne principalement des adolescents introvertis qui ne sont pas insérés dans le système éducatif, mais aussi des adultes coupés de toute vie sociale, et renfermés sur eux-mêmes.

Au niveau environnemental, ce sont 9 400 projets d'attrait des villes et la modernisation des systèmes d'alimentation en eau de 3,2 millions d'habitants qui ont été créés. De plus, près de 1 200 km de routes et 1 500 km de voies ferrées ont été modernisés pour améliorer le réseau intra-européen. Le Comité des Régions est un organisme européen qui a pour fonction de rédiger des rapports sur la législation européenne concernant les régions.

Cette instance a un rôle très important vis-à-vis des différentes instances internes du parlement européen : la commission, le conseil et le parlement. Malheureusement, le comité des régions n'a qu'un rôle consultatif. Ces dernières institutions européennes doivent forcément s'y référer avant de valider une quelconque décision (ex : politique d'emploi, d'environnement, d'éducation ou de santé publique). C'est le Conseil de l'UE qui nomme pour 5 ans, sur proposition de chaque Etat-membre, les 353 membres issus des 28 pays de l'UE. Les pays ont néanmoins l'obligation de respecter un certain équilibre politique, géographique et régional au sein de leur état de référence.

Ce sont généralement des élus ou des acteurs clés dans leur pays d'origine. Le comité des régions se réunit pour cinq séances plénières chaque année.

Il devra lors de ces rencontres définir une politique générale et adopter des avis sur les projets des instances suprêmes de l'Europe. Cependant, tout au long de l'année, des commissions ont pour tâche de travailler sur les différents domaines et de préparer les séances plénières. Elles sont au nombre de six : la commission de la politique de cohésion territoriale, la commission de la politique économique et sociale, la commission de l'éducation, de la jeunesse et de la recherche, la commission de l'environnement, du changement climatique et de l'énergie, la commission de la citoyenneté, de la gouvernance, des affaires institutionnelles et extérieures et la commission des ressources naturelles.

Dernièrement, le Comité Européen des Régions a travaillé sur une proposition de loi en matière de santé et de sécurité au travail pour la période 2014-2020. Il a traduit son regret de voir un manque d'implication des collectivités territoriales dans le respect de la stratégie adoptée par la commission européenne.Le comité a par ailleurs demandé à ces dernières d'y participer pleinement en mettant en place les engagements pris.

Le Comité Européen des Régions a proposé d'établir un comité de pilotage central européen pour définir les actions à mener pour les rendre plus efficaces. Aussi, le Comité des Régions a proposé d'amplifier le financement des actions et a prévu de soutenir les projets des collectivités en matière de santé.

Suite au traité de Lisbonne, il y a eu un renforcement des compétences[79] du comité des régions puisque la Commission Européenne doit forcément consulter les pouvoirs locaux et régionaux, cette organisation participant donc activement au processus législatif européen.

---

[79] Le traité de Lisbonne est un traité signé le 13 décembre 2007 à Lisbonne entre les vingt-sept états membres de l'Union européenne, qui transforme l'architecture institutionnelle de l'Union. Ce traité a été préparé au second semestre 2007 par une conférence intergouvernementale (CIG) constituée pour pallier la non-ratification du traité établissant une constitution pour l'Europe de 2004. Le traité de Lisbonne conserve les traités existants tout en les modifiant en profondeur : le traité instituant la Communauté européenne (qui est rebaptisé « traité sur le fonctionnement de l'Union européenne » et le traité sur l'Union européenne (Maastricht, 1992) est entré en vigueur le 1er décembre 2009.

Lorsque la Commission présente une proposition législative, elle doit consulter le CER si ce texte porte sur l'un des nombreux domaines politiques qui concernent directement les autorités locales et régionales. Le comité européen des régions est une bonne initiative prise par l'UE, mais qui mériterait d'être restructurée pour permettre une meilleure représentativité des personnes clé de nos territoires.

Le Comité des Régions devrait changer son système de fonctionnement. Cette restructuration doit redonner un sens plus territorialisé à l'institution Europe. Nous pourrions proposer que le comité des régions puisse fonctionner comme une institution relais au sein de l'UE. Il me semblerait juste que le comité des régions prenne une place plus importante au sein de l'UE puisque les régions sont le coeur du développement rural.

Il faudrait accentuer cette restructuration sur le citoyen de l'UE en proposant une démocratie plus participative. Ce qui pourrait se concrétiser par des locaux de permanences dans les régions en questions, des réunions d'informations et des débats avec les administrés pour donner à l'Europe une orientation plus proche des attentes de tous. Ma proposition, ici, est de créer un réel partenariat entre les Conseils Régionaux et le Comité des Régions. Les Conseils Régionaux doivent avoir un lien direct avec les membres du Comité des Régions, en organisant des réunions régulières sur des sujets permettant le développement des espaces ruraux. Après tout, les compétences du Conseil Régional et de l'UE (via son Comité des Régions) ne se rejoignent elles pas sur certains sujets ?

L'agriculture est le secteur économique des territoires ruraux pour lequel l'UE participe le plus.

La Politique Agricole Commune (PAC) est née le 25 mars 1957 avec le traité de Rome[80] et a été mise en place à partir du 14 janvier 1962[81]. Elle avait à l'époque pour objectif de répondre à un problème de fond : la nécessité d'augmenter la production alimentaire européenne.

---

[80] acte fondateur de la construction européenne Le Traité de Rome signé en 1957 par les 6 Etats fondateurs, crée la Communauté économique européenne, était centré sur la construction du marché unique.

[81] http://www.linternaute.com/histoire/jour premiers_accords_sur_la_pac.

A la suite de la deuxième guerre mondiale et des dégâts causés par cette dernière, la PAC [82] était devenue une nécessité et devait alors garantir l'autosuffisance alimentaire de la communauté européenne. La PAC a alors permis d'augmenter de façon exponentielle le niveau de la production agricole, de moderniser le cheptel mort (parc matériel) et celui des exploitations, et de garantir un revenu décent aux agriculteurs. La Politique Agricole Commune devait alors garantir l'autosuffisance alimentaire de la Communauté Européenne.

Victime de son succès, des déséquilibres sont vite apparus. La PAC a connu de nombreuses réorientations visant à corriger ses effets néfastes sur l'environnement, à limiter la production mais aussi à optimiser les coûts. L'agriculture est confrontée aujourd'hui à des enjeux d'importance majeure et bien souvent ambitieux, notamment l'indépendance et la sécurité alimentaire, l'équilibre des territoires ruraux et la préservation des ressources naturelles.

---

[82] Politique mise en place à l'échelle de l'Union européenne. À l'origine, elle est fondée principalement sur des mesures de contrôle des prix et de subventions, visant à moderniser et développer l'agriculture.

L'UE a contribué à la modernisation de l'agriculture et à garantir la pérennité agricole communautaire. La Politique Agricole Commune est la seule véritable politique européenne intégrée avec 40 % du budget global de l'UE.

Elle dispose d'un budget spécifique de 373 milliards d'euros en Europe, 47 milliards d'euros réservés à la ferme France. Elle aide l'agriculture à répondre aux défis nouveaux. Elle connaît depuis 1992 un processus de réforme continu, dont le fonctionnement vise à rendre l'agriculture européenne à la fois plus compétitive, plus respectueuse de l'environnement, capable de maintenir la vitalité du monde rural et de répondre aux exigences des consommateurs en terme de qualité et de sécurité des denrées alimentaires.

Après plusieurs années de difficiles négociations, la réforme de la Politique Agricole Commune pour la période 2014 - 2020 a vu le jour. Le financement de la Politique Agricole Commune (PAC) s'établit sur six années. Le budget de la Politique Agricole Commune avant 2015 se divisait en deux piliers : les Droits à Paiement Unique (DPU) pour 90 % et les aides couplées aux productions pour 10 %.

La nouvelle Politique Agricole Commune prévoit l'apparition d'aide au verdissement de l'agriculture, une prise en compte de la biodiversité et de l'environnement.

Le paiement vert est désormais l'un des piliers de la PAC puisque des primes sont accordées sous forme de paiement découplées des productions, en complément des Droits au Paiement de Base (DPB) si l'exploitant agricole respecte certains critères environnementaux :

- Contribution au maintien d'un ratio de prairies permanentes par rapport à la surface agricole utile de la région,

- Avoir une diversité au sein de son exploitation agricole en respectant un assolement de minimum trois cultures (sans compter les prairies permanentes),

- Disposer d'au moins 5 % de Surfaces d'Intérêt Écologique (SIE) sur son exploitation (arbres, haies, bandes tampons, certains types de culture, etc.).

Les Droits au Paiement Unique (DPU) n'existent plus et sont remplacés par des droits à paiements de base pour 49 % du montant des aides. Un paiement redistributif est instauré (5 %) et une aide aux jeunes agriculteurs est également créée (1 %).

Bien entendu, ces ratios vont être modifiés jusqu'en 2019 tandis que les aides diminueront.

La nouvelle PAC vise à réduire les disparités entre agriculteurs ruraux en soutenant l'activité de toutes les exploitations et en tentant de soutenir l'emploi (sur-primes aux 52 premiers hectares). Elle vise aussi à encourager l'installation des jeunes, à revaloriser l'agriculture dans les zones défavorisées mais aussi à mieux soutenir les productions animales .

Elle vise à améliorer la compétitivité des territoires ruraux tant sur le plan agricole, environnementale ou du patrimoine rural afin d'assurer l'avenir des zones rurales. La PAC présente les multiples opportunités et soutiens financiers dont peuvent bénéficier les agriculteurs et les acteurs du monde rural pour contribuer à un développement équilibré de tous les territoires. Il faut que l'agriculture française qui façonne notre territoire reste compétitive, diversifiée et un secteur d'activité avec de bons résultats. À notre classe politique d'en prendre conscience !

Les parlementaires européens devraient donner des orientations différentes en ce qui concerne le partage des subventions.

Dans la même perspective, les exploitations dégageant un revenu supérieur à deux SMIC ne devraient pas bénéficier d'aides européennes. Pour autant, les exploitations d'une taille inférieure à une Surface Minimum d'Assujettissement (SMA) (1 SMA soit 12,5 hectares en moyenne en France) devraient avoir la possibilité de se voir attribuer des aides revalorisées.

Les productions à faible marge brute pourraient bénéficier d'une revalorisation de subventions pour contribuer à la diversité des assolements. Les économies effectuées ici devraient être valorisées par l'instauration de projets de défense de la biodiversité et du respect de l'environnement. L'UE participe concrètement à la résorption de la fracture territoriale. Tel n'est pas le moindre des paradoxes, quand on sait que les agriculteurs vivant dans les territoires ruraux sont souvent les plus critiques vis-à-vis d'une politique européenne, qu'ils considèrent, parfois à juste titre, comme participant à leur enclavement territorial.

# Épilogue

Cerner les causes de la fracture territoriale en France en présentant ses principales incidences sociales, économiques et culturelles qui impactent la ruralité d'aujourd'hui et demain, est une gageure. J'ai tenté de le faire. De quoi sera fait l'avenir, personne ne le sait vraiment. Les enjeux pour notre civilisation, notre mode de vie sont gigantesques. Le défi est immense.

Cette recherche serait insuffisante, sans la présentation des différentes instances administratives et politiques en charge du développement des territoires ruraux qui ont pour objet de résorber cette fracture territoriale par des politiques publiques de terrain audacieuses et concrètes. La réalité amène toutefois à constater que ces territoires ruraux se divisent en plusieurs sous espaces, bien différents les uns des autres, rendant dès lors plus fine l'approche que l'on doit avoir de la fracture territoriale.

Il existe des zones rurales plus défavorisées : les territoires de campagne plus fragiles, à zones moins denses essentiellement à dominante agricole, mais également des espaces ruraux anciennement industriels, qui subissent de plein fouet la crise économique amplifiée depuis 2008. De même, il faut constater la présence de nouvelles campagnes qui géographiquement situées vers le sud, se caractérisent par un afflux progressif de population.

Ils bénéficient certes d'une dynamique démographique positive malgré parfois les difficultés résultant de leurs reliefs ou leur éloignement des villes et des pôles économiques urbains. Ce constat de la pluralité des territoires ruraux différemment impactés par la fracture territoriale étant effectué, cela nous amène toutefois à un constat commun : de par leurs activités plurielles, les territoires ruraux jouent un rôle économique important grâce au poids de leur agriculture.

La fermeture des structures hospitalières de petite dimension depuis la loi Patients-Hôpital-Territoire de 2009 accentue ce déséquilibre territorial. L'accès aux soins en ruralité est devenu très compliqué. Il serait dès lors intéressant de favoriser le retour des praticiens en proposant un investissement massif dans ces dits territoires.

Mais surtout, l'espace rural se doit de mettre en avant un atout majeur afin de combler la fracture territoriale qui lui est opposée : une image positive offrant un paysage naturel préservé, un havre de paix et de repos pour les citadins exposés aux nuisances des espaces urbains.

J'ai tenté, à partir d'un constat imposant une réalité objective de la fracture territoriale qui s'impose, de démontrer que la ruralité dispose toutefois de sérieux atouts afin de la combler. Il y a fort à gagner à proposer des mesures précises et ciblées d'investissement et de développement!

C'est le défi qui commence à être relevé par les Assises de la Ruralité de 2014, la création des zones de revalorisation rurale, le Comité des Régions au niveau européen, les fonds européens affectés au développement social, agricole, économique, culturel des régions rurales. Continuons sur cette lancée et augmentons cette dynamique ! Ces quelques pages sont l'enjeu majeur des territoires ruraux pour cette première moitié du 21$^{\text{ème}}$ siècle. Les acteurs politiques, administratifs, institutionnels, sociaux, qu'ils soient locaux, nationaux ou européens se doivent de le relever ! La résorption de la fracture territoriale en est à ce prix :

***Serons nous collectivement à la hauteur de cette question posée pour l'avenir de nos territoires ruraux ?***

# BIBLIOGRAPHIE

## 1- Ouvrages généraux

- LEJEUNE Hervé, «Retour sur Terre», contre les idées reçus sur l' agriculture, l' alimentation et la foret, éditions « France Agricole, 2015
- LEJEUNE Hervé «Un monde sans faim,Nous pourrons nourrir le monde en 2050», « éditions « L'Harmattan », 2013
- SAPORTA Isabelle, « Le livre noir de l'agriculture , Comment on assassine nos paysans, notre santé et l'environnement », éditions «Pluriel» , 2012

## 2- Ouvrages spécialisés :

- BOSSE-PLATRIERE Hubert, COLLARD Fabrice, GRIMONPREZ Benoît TAURAN Thierry et TRAVELY Benjamin, « Droit pour l'entreprise agricole, l'espace rural et les marchés agricoles », éditions LexisNexis
- DAVEZIES Laurent, « La crise qui vient : la nouvelle fracture territoriale », éditions « Seuil »,2012
- JEAN Yves, PÉRIGORD Michel, « Géographie rurale: La ruralité en France », éditions « Armand Colin », 2009

### 3- Articles et revues:

• Info.pointeurope Amiens Picardie, « Les mesures de l'UE pour lutter contre le chômage des jeunes »

• Comprendre les politiques de l'Union Européene, Agriculture, Un partenariat entre l'Europe et les Agriculteurs

- « Vivre en Somme », le magazine de votre Conseil Départemental, n 94, Mai- Juin 2015

- Info.point europe Amiens Picardie, « Retour sur les fonds européens 2007-2013 : sept années d'investissements » pour les Picards

### 4- Sources Internet

- http://www.assemblee-nationale.fr
- http://agriculture.gouv.fr/
- http://www.insee.fr/fr/
- http://europa.eu/index_fr.htm
- http://www.datar.gouv.fr/
- http://www.territoires.gouv.fr/
- http://www.senat.fr/

# REMERCIEMENTS

Je tiens à remercier Laurent Michon, Docteur en droit public, Professeur à l'IHEDREA qui m'a transmis ses connaissances et qui m'a permis d'étoffer mon analyse des territoires ruraux.

Je tiens également à témoigner toute ma reconnaissance à Julien Steimer, ancien directeur de cabinet de Bruno Le Maire, ministre de l'Agriculture de 2007 à 2012, expert mondial en sécurité alimentaire, Directeur d'AXA entreprise et Secrétaire général d'AXA France pour sa disponibilité et son témoignage.

Je remercie aussi Marie Hibon, mon amie pour l'aide précieuse qu'elle m'a conférée dans la réalisation de cet écrit. Un merci particulier à Olivier Ubéda et à Paul Brounais pour leurs disponibilités et leurs conseils.

Un grand merci à Suzanne ma petite soeur pour la photo de couverture, Cécile et Anne, ma soeur et ma maman pour la touche finale de cet ouvrage.

© 2017,Delobel, Nicolas
Edition : Books on Demand,
12 / 14 rond point des champs Elysées, 75008 Paris
Impression : BoD - Books on Demand Norderstedt, Allemagne
ISBN : 9782322140138
Dépôt légal : mars 2017